KB273312

천로역정

Originally published in English under the title of

PILGRIM'S PROGRESS

A Retelling of John Bunyan's Pilgrim's Progress by Gary D. Schmidt

리마커블 천로역정

존 번연 지음

개리 슈미트 편집 배리 모우저 그림 배웅준 옮김

규장

존 번연 John Bunyan, 1628~1688년

존 번연이
오늘의 '당신'에게
말을 걸다

내 책상 옆에는 150년 전에 영국에서 인쇄된 검은색 표지의 책한 권이 놓여 있다. 그 책 맨 앞장에는 "로버트 애플턴Robert Appleton을 위해! 엄마 엘리자베스 애플턴Elizabeth Appleton이 사랑을듬뿍 담아!"라는 문구가 가늘고 여린 필체로 기록되어 있다. 그녀는 1844년 정월 초하루에 보스턴에서 그 헌정사를 기록했다. 그리고 같은 해 10월 29일, 그녀의 아들 로버트 애플턴이 그 헌정사 바로 밑에 "어머니의 자기부정의 삶은 어머니를 천사보다조금 못한 존재로 만들었습니다"라고 기록했다. 한 아들과 한어머니가 서로에 대한 사랑을 기록한 이 책은 존 번연John Bunyan의 '천로역정'Pilgrim's Progress의 한 판본이다.

나는 뉴욕 주 캐츠킬Catskill 산맥 아래 자리한 어떤 작은 집의 어두컴컴한 지하실에서 이 책을 발견했다. 수백 권의 다른 책들 사이에 파묻혀 수십 년 동안 누구에게도 읽혀지지 않은 채 썩어가고 있었지만, 금박을 입힌 제목의 활자들은 어둠 속에서도 여전히 빛을 발했다. 군데군데 낡긴 했어도 금선金線으로 정교하게 장식된 장정裝幀은 어둠 속에서도 경탄을 자아내기에 충분했다.

나는 그때까지는 천로역정을 읽어본 적이 없었지만, 아주 때로는 표지만으로도 어떤 책의 가치를 판단할 수 있는 것이므로 오랜 시간 광명을 보지 못했을 그 책을 햇빛 아래로 가지고 나왔다.

그날 오후, 선선한 소나무 숲 그늘 아래 앉아, 좁고 곧은길을 따라 전개되는 크리스천Christian의 여정에 관한 존 번연의 꿈 이야기를 다 읽었다.

20년 전의 일이지만, 지금도 소나무 숲을 지날 때면 그날 오후의 감동이 생생하게 되살아난다. 책상 한쪽에 놓여진 이 책을 펼칠 때마다 나는 그 숲으로, 존 번연의 꿈속으로 돌아간다.

헌정사 바로 다음 장에는 번연의 초상화가 그려져 있고, 그 위에 노란 박엽지博葉紙가 덧씌워져 있다. 초상화 속의 그는 짙은 색의 평범한 옷을 입고 은은한 미소를 짓고 있다. 너무나 은은해서 자세히 관찰하지 않으면 알아차리기 힘든 그 미소는, 그가 초상화를 그리는 작업을 공연한 일이라 생각하고 있음을 암시한다.

그의 시선은 측면을 향하고 있다. 나는 그가 화가의 작업을 지켜보고 있는 누군가를, 어쩌면 한 아이를 바라보고 있는 것이라 생각하곤 했다. 화가가 그림을 그리는 동안 그는 그 아이에게 어떤 이야기를 했을 것이다. 어쩌면 인내에 대한 이야기이거나 전쟁 이야기일 수도 있고, 한편의 소설과 같았던 자신의 삶의 한 대목을 읊은 이야기일 수도 있을 것이다.

사실 존 번연의 젊은 시절 이력만으로는 그가 나중에 책을 쓰게 되리라고 예상하기는 무척 어렵다. 존 번연은 1628년 11월, 잉글랜드의 베드포드Bedford에 있는 엘스토Elstow라는 마을에서 가난하지만 정직한 땜장이의 맏아들로 태어났다. 초등학교에서 읽기와 쓰기를 겨우 익힐 정도의 교육밖에 받지 못했던 번연은 10세에 초등학교마저 그만두었다.

아버지처럼 금속 용기들을 수리하거나 만들면서 인생을 보낼 거라고 생각하고 자란 번연은 20세에 어떤 가난한 여인과 결혼을 했다. 그런데, 그녀가 결혼 지참금으로 가져온 것이라고는 「보통 사람이 천국에 이르는 길」The Plain Man's Pathway to Heaven과 「경건 훈련」The Practice of Piety이라는 두 권의 신앙서적뿐이었다. 그들의 살림은 수저와 접시 같은 것도 제대로 없을 정도로 궁핍했으나 부인의 경건한 인격과 행동은 번연에게 깊은 영향을 끼쳤다. 번연은 아내와 함께 이 책들을 읽은 후, 평소 즐기던 세속적인 놀이들을 중지했다.

어느 날 그가 고양이를 괴롭히며 무료한 시간을 달래고 있는데 하늘에서 "네 죄를 버리고 천국에 갈 것인가, 아니면 죄를 가지고 지옥에 갈 것인가?"라는 준열한 음성이 들려왔다. 그리고 그와 동시에 그의 내면에서 강렬한 영적 몸부림이 시작되었다.

이때에 베드포드의 독립교회(영국 국교회에 소속되지 않은 교회) 목사인 존 기포드John Gifford가 그를 이끌어 주었다. 번연은 존 기포드 목사의 영적 인도 아래 25세에 회개를 체험했고, 세례를 받았으며, 크리스천이 되었고, 또 설교자가 되었다.

만일 그가 영국 국교회에 반발하지 않았다면 아마 천로역정을 기록하지 못했을 것이다. 왜냐하면 그가 영국 국교회에 반발했다는 이유로 12년 간의 옥고를 치렀고, 그 기간에 글을 쓰기 시작했기 때문이다. 그의 첫 번째 저서이자 영적 자서전 격인 「죄인 괴수에게 넘치는 은혜」Grace Abounding to the Chief of Sinners를 출간한 것도 베드포드 감옥에 있을 때였다.

그러나 그는 1672년에 출감하자마자 설교에 힘쓰기 시작했고, 3년 동안 베드포드 교회를 위해 일했다. 만약 그 직분을 계속 유지할 수 있었다면 아마 그는 글 쓰는 일로 돌아가지 않았을 것이다. 하지만 그는 1675년에 다시 수감되었다. 그리고 바로 그해에 감옥에 있는 책상에 앉아 천로역정을 기록했다. 어떤 무명의 화가가 이 책에 삽입된 그의 초상화를 그린 시기도 그 무렵이었다.

내가 그의 꿈 이야기를 다시 반복하는 까닭은 또 다른 판版을 내기 위함도 아니며, 고어체 언어들을 간추리거나 장황한 토론들을 과감하게 가위질한 천로역정을 내기 위함도 아니다.

나는 이 책에서 존 번연의 원작에 충실하려고 최대한 노력하는 한편 이시대의 독자들에게 그의 이야기를 전달하려고 노력했다. 이것이야말로 존 번연이 천로역정을 기록한 기본적인 동기였다.

번연은 당대의 화려한 문체들을 사용하는 대신 일상의 평범한 언어를 사용함으로써 크리스천의 인생여정을 생생하고 흥미롭게 묘사했다. 들판, 강, 벽, 집, 길처럼 독자들에게 익숙한 이미지들을 다양하게 사용해 자신의 뜻을 전달한 것이다. 나 역시도 그가 했던 것처럼 하려고 노력했다. 그리고 무엇보다 20년 전 어느 날 오후에 소나무 숲에서 강렬하게 느꼈던 그 느낌을 되살리기 위해 특별히 노력했다.

어떤 이야기를 다시 말하는 사람은 자신을 그 이야기 속에

집어넣기 마련이다. 그래서 번연이 의도하고 이해한 그대로 등장인물들의 성격과 태도를 표현하려고 나름 노력했지만, 등장인물들의 생각과 반응들 가운데 몇 가지가, 특히 '크리스천'에 있어서 나의 생각이 녹아들었음을 고백한다.

물론, 이것은 존 번연의 이야기다. 그러나 내가 알고 있거나 상상한 이야기들을 약간 채색한 내 이야기이기도 하다.

번연은 자신의 이야기가 독자들 각자의 체험에 말을 걸기를 원했다. 그러므로 이 책은 존 번연의 이야기가 나 자신의 체험에 어떻게 말을 걸어왔는지 암시한다.

개리 슈미트 Gary D. Schmidt

CONTENTS

한눈에 보는 천로역정

'멸망의 도시'에서 '천성'(천국)에 이르기까지 '크리스천'이 거쳐간 하늘로 가는 역경의 길

문지기 친절의 안내
빛나는 문
십자가 언덕
십자가 언덕에서 짐이 풀리다
백리향 풀밭
두루마리를 받다
해설자의 집
네 자매를 만나 전신갑주를 얻다
고난의 산
아름다운 궁전
실수의 벼랑
뿔라 나라
마법에 걸린 땅
속이는 자의 꾐에 빠지다
사망의 강
천성
마침내 천국에 이르다

수고하고 무거운 짐 진 자들아 다 내게로 오라
내가 너희를 쉬게 하리라
_마 11:28

집에서 나오는 불빛, 아이들의 떠드는 소리, 부드럽게 속삭이는 아내의 자장가, 이따금 들려오는 강아지 잭의 깽깽거리는 소리, 이 모든 것들이 평온한 하늘 아래서 숲 속으로 발걸음을 옮길 때마다 점점 희미해졌습니다. 그 길은 계곡 아래로 난 길이나 마을로 들어가는 길만큼이나 훤히 알던 길이었지요.

그런데 그날 밤 나는 옳은 길을 잃고 이전에 알지 못하던 길로 빠졌습니다. 돌출된 나무뿌리와 돌멩이에 걸려 비틀거릴 때마다 길 언저리에 나와 있는 가지들이 나를 포위했습니다. 그리고 곧 길이 끊어지고 말았습니다.

그래서 달이 떠올라 집으로 가는 길을 비춰주기만을 기다리며 길가에 앉았습니다. 그러나 달 대신에 천둥을 머금은 구름이 몰려와 별들이 하나 둘 자취를 감추었습니다. 너무 두려웠지만 나는 어느새 잠이 들었습니다. 그리고 곧 꿈을 꾸었습니다.

그날 밤 내가 세상의 광야에서 꾸었던 꿈 이야기에 귀기울이기 바랍니다!

I

무거운 짐을 진 남자

무거운 짐을 내려놓을 방법이 없다

한 남자가 등과 어깨 위로 높이 올라온 무거운 짐의 무게를 견디지 못해 허리를 구부리고 어떤 작은 집 아래쪽에 있는 들판을 터벅터벅 걷고 있었습니다. 바람이 일 때마다 주변의 밀 이삭들이 잔물결을 일으키며 파도쳤고, 몇 발짝 디딜 때마다 꿩들이 깜짝 놀라 날개를 퍼덕이며 하늘로 날아올랐지만 그 남자는 눈도 꿈쩍하지 않았습니다. 그 사람은 책을 펴서 손에 들고 페이지를 천천히 넘기면서 계속 걸었습니다.

태양이 저 뒤에 있는 산봉우리 양쪽에 붉은 빛을 드리우면서 넘어가고 있었습니다. 석양이 얼마나 붉던지 마치 산봉우리가 불에 타는 것만 같았습니다. 그 남자는 깜짝 놀라 뒷걸음질 쳤습니다. 그러더니 어깨에 짊어진 짐을 두 손으로 스치듯 만지며 흐느꼈습니다.

“어떻게 해야 하지?”

대답을 기대한 것은 아니었지만, 어떤 음성도 들리지 않았습니다. 어스름하게 보라색으로 희미해지는 태양 빛 말고 아무것도 변한 게 없었습니다. 그의 몸이 후들거렸습니다. 그리고 짐의 무게로 비틀거리며 집을 향해 발걸음을 돌렸습니다.

“이제 오세요?”

그의 아내 크리스티아나Christiana가 말했습니다. 남편이 안으로 들어오자 그녀는 뒤로 물러나면서 혹시라도 짐이 자기 몸에 닿을까봐 벽에 찰싹 달라붙었습니다. 그녀는 남편의 뒤로 보이는 산봉우리를 잠시 쳐다보더니 이내 문을 닫았습니다. 그녀의 남편 크리스천Christian은 아이들을 멍하니 바라보고 있었습니다.

아이들도 놀이를 멈추고 아빠의 모습을 얼떨떨하게 바라보았습니다. 그때 크리스티아나가 그들 사이에 껴들어 나지막이 말했습니다.

"여보, 짐을 내려놓으세요. 일단 내려놓고 무슨 문제인지 말해 봐요."

그가 짐을 내려놓으려 하는 것 같았습니다. 그는 자신의 몸에 꽁꽁 묶여 있는 짐을 풀려고 가죽 끈으로 손을 가져갔지만 도저히 풀 수가 없었습니다. 큰아들 야고보James가 "칼을 가져올게요"라고 말하며 부엌으로 달려갔습니다. 그러나 아들이 오기도 전에 그는 짐의 무게를 이기지 못해 바닥에 쓰러졌고, 그의 입에서는 슬픔의 탄식이 터졌습니다.

"여보, 우리는 '멸망의 도시'City of Destruction에 살고 있어요."

그가 흐느꼈습니다.

"당신은 저 산의 불이 보이지 않소? 그 불이 곧 우리에게 올 거요. 그렇지만 나는 당신을 구해줄 수가 없을 거요."

그가 잠시 멈추었다가 다시 말했습니다.

"아니, 나 자신조차도 구할 수가 없을 거요."

"아니에요, 여보."

크리스티아나가 남편을 진정시키며 말했습니다.

"당신이 본 건 석양일 뿐이에요."

그녀는 야고보와 큰딸 캐서린Kathleen에게 아빠를 일으키게 도와달라고 손짓했습니다.

"아니, 그건 석양이 아니라오."

크리스천은 고개를 저으며 중얼거렸습니다.

"그건 석양이 아니야."

야고보와 캐서린이 아빠를 질질 끌다시피 하면서 침대로 옮겼고, 또 다른 딸 리브가Rebecca와 막내아들 다윗David은 두꺼운 이불을 가져왔습니다. 귀여운 강아지 잭은 귀와 꼬리를 축 늘어트리고 주인의 침대 옆에 누웠습니다. 그러나 크리스천은 몸에 단단히 묶여 있는 짐 때문에 고뇌하면서 밤새 몸부림쳤습니다.

이튿날 아침, 크리스티아나가 방으로 들어와 커튼을 활짝 열어젖혔습니다. 밝은 빛과 푸른 하늘이 안으로 쏟아져 들어왔고, 밤새 꼼짝도 하지 않던 잭이 벌떡 일어나 꼬리를 흔들었습니다.

"여보!"

크리스티아나가 속삭였습니다.

"눈을 뜨고 일어나 봐요. 세상은 언제나 그랬듯이 그대로 있어요. 밤새 아무 일도 일어나지 않았어요."

그러나 크리스천이 눈을 떴을 때, 그의 두 눈은 붉게 충혈된 채로 슬픔에 잠겨 있었습니다.

"당신 말이 맞소. 아무 것도 변하지 않았어. 내 등에는 여전히 짐이 묶여 있구려. 그리고 이 빛은….”

그는 다시 몸서리를 쳤고 말을 끝내지 못했습니다. 크리스티아나 역시 뜬 눈으로 밤을 지새웠지만, 신선하고 차가운 아침 공기에 기운을 차렸습니다. 크리스티아나는 남편도 기분이 좋아졌을 거라 믿었는데, 이런 말을 듣자 참기가 힘들었습니다.

"그 짐이 거기 있는 까닭은 당신이 거기에 놓았기 때문이에요. 알아요?"

"그건 맞는 말이오."

"그러면 이제 그만 내려놓으세요."

"나도 그러고 싶지만 할 수가 없어요."

그는 이렇게 말하고 아내에게 몸을 기대고 다시 흐느꼈습니다.

"어떻게 해야 하지?"

이번에도 역시 아무 대답도 들리지 않았습니다. 크리스티아나는 남편을 혼자 두고 밖으로 나갔습니다. 그녀는 짐에 대해 더 이상 이야기하려 하지 않았고, 남편이 아이들에게 그 짐에 대해 말하도록 내버려두지도 않았습니다. 그래서 그는 그 책을 읽고, 멸망에 대해 생각하면서 자신의 가족들 위에 드리워질 어두운 운명을 슬퍼했습니다. 오랫동안 들판을 거닐면서 많은 시간을 혼자 보내기 시작했습니다. 주인에게 충실했던 잭마저도 그를 버렸습니다.

복음전도자를 만나 희망을 얻다

어느 날 그는 들판을 거닐다가 평소보다 더 멀리 갔습니다. 동쪽으로 계속 가다가, 저 뒤쪽에서 무서운 얼굴로 노려보고 있는 산봉우리들을 두려운 눈으로 바라보았습니다. 살아온 날들을 회상하자 몸에 묶인 짐이 더 무겁게 느껴졌고, 읽고 있는 책의 말씀들이 더욱 두려웠습니다. 그래서 작은 언덕에 올라가 앞에 있는 봉우리들을 정면으로 응시했을 때, 그는 그만 무릎을 꿇고 바람 속에 외칠 수밖에 없었습니다.

"어떻게 해야 구원을 받을 수 있을까요?"

하지만 그는 고개를 들지 않았습니다. 애초에 대답을 기대한 게 아니었기 때문입니다.

그런데 그때 한 사람이 나타났습니다. 크리스천은 앞에 펼쳐진 좁은 길을 따라 어떤 사람이 경쾌하게 걸어오는 것을 보았습니다. 그는 젊어보이지도 늙어보이지도 않았습니다. 사실 그 사람의 나이를 짐작하기가 어려웠습니다. 수염은 희었으나 발걸음은 힘이 넘쳤고, 지팡이를 쥐고 있는 손은 부드럽고도 강인해보였습니다. 그는 아무 말도 하지 않고 무거운 짐을 진 크리스천이 먼저 말하기를 기다리면서 곧바로 다가왔습니다.

하지만 크리스천은 고개를 들어 그 사람을 바라볼 수가 없었습니다. 짐이 너무 무거워 자꾸 고개가 땅으로 떨어졌기 때문입니다.

"선생님!"

크리스천이 신음하며 물었습니다.

"도와주실 수 있으신가요?"

"아마도 그럴 것입니다!"

그 사람은 고개를 끄덕이더니 다시 입을 다물었습니다.

"선생님!"

복음전도자 Evangelist

크리스천이 말했습니다.

"이 책은 제가 죽을 거라고 말합니다."

"그런 거라면 책을 보지 않아도 알 수 있지 않습니까? 주변을 둘러보십시오. 이 멸망의 도시에서 모든 것들이 죽어가고 있지 않습니까?"

"하지만 이 짐이 저를 죽음보다 더 깊은 심연深淵으로 데려갈 것입니다."

그 사람은 아무 대답도 하지 않고 먼 곳을 응시했습니다. 크리스천의 아내 크리스티아나가 앞치마에 손을 문지르며 문밖에 나와 남편을 기다리는 모습이 그의 눈에 보였습니다.

"그 사실을 이미 알고 있다면 왜 이렇게 주저앉아 있는 것입니까?"

그 사람이 크리스천에게 물었습니다. 크리스천은 잠시 멈추고 숨을 골랐습니다. 그리고 천천히, 실망스러운 대답을 듣게 될 것을 각오하고 아주 천천히 물었습니다.

"그렇다면 선생님께서 이 짐을 내려놓을 방법을 알려주시겠습니까?"

이 말을 듣자 그 사람이 환하게 웃었습니다. 그리고 그 순간,

크리스천은 무거운 짐을 지고 있다는 것을 까맣게 잊었습니다.

"나는 복음전도자Evangelist입니다. 기꺼이 알려드리겠습니다."

그가 손가락 하나를 펴서 어딘가를 가리켰습니다.

"저 두 번째 들판 너머에 있는 문이 보입니까?"

크리스천은 두 눈을 동그랗게 뜨고 손가락이 가리키는 방향을 주시했지만 문 같은 것은 보이지 않았습니다.

"아뇨, 아무 것도 보이지 않습니다!"

크리스천이 슬프게 말했습니다.

"당신의 짐이 무겁긴 무거운 모양입니다."

복음전도자가 말했습니다.

"그러면 빛도 보이지 않습니까?"

크리스천이 눈을 더 크게 뜨고 응시하다가 대답했습니다.

"보이는 것 같습니다."

"그렇다면 지금은 그것으로 충분합니다. 그 빛을 똑바로 바라보고 달리십시오. 그리고 그 문에 이르면 두드리십시오."

그래서 크리스천은 달리기 시작했습니다. 어디론가 달려가는 아빠의 모습을 보고 아이들이 돌아오라고 소리쳤지만, 그는 듣지 않았습니다. 아내가 문간에 서서 걱정스러운 표정으로 바라보았지만, 그는 돌아보지 않았습니다. 이웃들이 뛰쳐나와 무거운 짐을 등에 지고 뒤뚱거리며 뛰어가는 그를 비웃었지만, 그들의 조롱에 귀를 기울이지 않았습니다. 심지어 그의 두 친구 고집불통Obstinate과 변덕쟁이Pliable가 바짝 따라와 그의 짐을 당겨 억지로 세울 때까지도 그는 두 사람의 쿵쿵거리는 발소리를 듣지 못했습니다.

고집불통과 변덕쟁이

고집불통은 네모나게 각진 얼굴에 무뚝뚝한 성격의 소유자였습니다. 그는 언제나 가슴 높이 팔짱을 끼고 마치 자기가 견고한 건물의 기초라도 되는 양 다리를 쭉 벌리고 서 있기를 좋아했습니다.

변덕쟁이는 바람에 요동하는 들판의 밀대처럼 삐쩍 마른 몸에, 결코 행복하지는 않지만 행복한 척 웃음을 짓고 사는 사람이었습니다.

"기다려!"

두 사람이 크리스천을 붙잡으며 말했습니다.

"우리들이랑 돌아가서 이 미친 짓에 대해 이야기하는 게 어

고집불통 Obstinate

변덕쟁이 Pliable

떻겠나?"

"싫어!"

크리스천이 발걸음을 옮기면서 답했습니다.

"그런 일은 절대 있을 수 없어. 대신 자네들이 나랑 같이 가는 게 어때?"

"안락한 삶을 버리라고?"

고집불통이 야유하며 말했습니다.

"친구들도 버리라고?"

변덕쟁이가 비아냥거렸습니다.

"그래, 맞아!"

크리스천이 발걸음을 멈추고 두 친구를 바라보며 대답했습니다.

"자네들의 안락한 생활과 친구들을 모두 버려야 해. 그 모든 것들을 합쳐도 이 밀대 하나만도 못해!"

크리스천이 밀대 하나를 뽑아 두 친구 앞에 내밀었습니다. 그의 눈이 이글거렸습니다. 어디선가 바람이 불어 밀대에 붙은 씨앗들을 모두 날려버릴 때까지 크리스천의 두 눈은 활활 불탔습니다.

“이보게들, 나랑 같이 가세나. 그러면 내 말이 옳다는 게 입증될 거야. 우리가 영원히 시들지 않는 기쁨을 발견할 거라고 이 책은 말하고 있어.”

“책 따위는 집어 치워!”

고집불통이 말했습니다.

“이봐, 변덕쟁이! 그냥 내버려두자고. 바보를 가르치려다가 우리들까지도 바보가 되겠어.”

“고집불통, 자네 말이 옳아. 근데 크리스천의 말도 일리가 있는 거 같아.”

양 팔을 비틀어 깍지를 끼고 발바닥으로 땅을 차고 있던 변덕쟁이가 말했습니다.

“그래서 말인데, 크리스천이랑 같이 가야 할 것 같아. 진심이야.”

“진심 같은 소리 하구 있네!”

고집불통은 이렇게 말하고 홱 돌아가버렸습니다. 변덕쟁이는 약간 후회스러운 표정으로 고집불통의 뒷모습을 바라보는 것 같았습니다. 그러나 고집불통이 모퉁이를 돌아 사라지자 변덕쟁이는 다시 쾌활한 표정으로 크리스천을 쳐다보았습니다.

“자, 이제 가지!”

변덕쟁이가 말했습니다.

“우리가 가려는 그곳에 대해 말해주게나. 거기에 가면 빛나는 옷을 입을 수 있는 거야? 영광의 면류관을 쓸 수 있다고?”

“당연하지.”

크리스천이 대답했습니다.

“거기엔 더 이상 슬픔이 없어. 그 땅의 주인께서 모든 눈물을 닦아 주실 거야. 그리고 우리는 빛나는 분과 함께 걸을 거야. 우리의 삶도 영원히 끝나지 않을 거야. 그리고….”

“어서 서두르세!”

변덕쟁이가 발걸음을 재촉하며 크리스천의 말을 가로막았습니다.

“그 모든 걸 당장 손에 넣고 싶어.”

변덕쟁이는 전속력으로 들판을 질주하기 시작했습니다. 그러나 크리스천은 짐이 너무 무거워 따라갈 수가 없었습니다.

“빨리 와!”

변덕쟁이가 재촉했습니다.

“그럴 수가 없어.”

크리스천이 숨을 헐떡이며 말했습니다.

"짐도 너무 무겁고 땅도 너무 질척질척해."

절망의 수렁에 빠지다

어느 새 두 사람은 두 번째 들판의 가장자리에 이르렀습니다. 크리스천은 저 앞에 빛나는 문이 있는 것을 보았습니다. 그러나 발걸음을 옮길 때마다 땅이 더 질척거려서 발이 푹푹 빠지는 것 같았습니다. 더욱이 등에 진 짐의 무게 때문에 크리스천은 발목까지 진흙에 빠졌습니다. 그러나 변덕쟁이는 진흙땅을 걷는 게 전혀 불편해보이지 않았습니다. 그는 한 걸음씩 힘겹게 발을 떼는 크리스천에게 신경 쓰지 않았으며, 빛나는 옷에 황금 면류관을 쓰고 있는 자신의 모습을 상상하는 데 온 정신이 팔려 있었습니다. 그런데 갑자기 땅이 푹 꺼지는 것을 느꼈습니다. 그리고 그 순간, 두 사람은 비명을 지르며 수렁에 빠졌습니다.

사실 그곳은 이미 많은 사람들을 죽음으로 이끈 곳입니다. 심지어 짐승들도 그 근처를 얼씬거리지 않았습니다. 사냥개들에게 쫓기는 여우조차도 그 수렁의 진녹색 물에 빠지기보다 차라리 돌아서서 싸우는 편을 택할 정도였으니까요. 그곳은 멸망

의 도시 사람들에게 '절망의 수렁'Slough of Despond이라 알려진 곳
이었습니다. 크리스천과 변덕쟁이는 수렁의 진녹색 물이 찰싹
거리며 턱까지 밀려와 마침내 입으로 들어가기 시작할 무렵 모
든 희망을 포기하기에 이르렀습니다.

"자네가 약속한 행복이 이런 거였어?"

변덕쟁이가 성을 내며 말했습니다. 영광의 면류관이 아니라
진흙과 수렁의 물이 그의 머리를 덮었습니다. 옷은 결코 빛나지
않았습니다. 그때 올챙이 한 마리가 그의 옷깃 속으로 들어갔습
니다. 더욱이 무릎 근처에서 수렁의 물이 소용돌이치는 게 느껴
지자 그는 휘둥그레진 눈으로 외마디 비명을 질렀습니다. 변덕
쟁이는 수렁의 가장자리 처음에 빠졌던 곳으로 황급히 헤치고
나가 풀을 잡고 가까스로 기어올랐습니다.

"흥, 여행은 무슨 여행! 시작이 이렇다면 끝은 안 봐도 뻔한
거 아니겠어?"

변덕쟁이는 옷을 비틀어 탁한 물을 짜내고 몸에 묻은 진흙
을 털어내면서 크리스천을 노려보았습니다. 올챙이는 속옷 속
으로 들어가 여전히 그의 몸을 탐사하고 있었습니다.

"제기랄!"

그는 홱 돌아서서, 거의 물에 잠기게 된 크리스천을 혼자 남겨두고 떠났습니다.

두려움의 장소에서 도움을 만나다

그런데 그때, 크리스천은 정말 신기한 행동을 했습니다. 수렁에 빠져 죽을 지경이었는데도 돌아서기는커녕 처음에 빠졌던 곳의 건너편 가장자리, 곧 빛나는 문을 향해 한 걸음씩 나아갔던 것입니다. 그는 거의 물에 잠길 지경에 이르렀고, 그의 코와 입은 수렁의 구린내로 가득했습니다. 그런데 수렁 가장자리로 갈수록 바닥이 점점 단단해졌고, 발도 빠지지 않았습니다. 하지만 등에 진 무거운 짐이 문제였습니다. 만약 짐만 없었다면 그는 수렁 밖으로 기어오를 수 있었을 것입니다. 하지만 무거운 짐이 그를 한없이 밑으로 잡아당겼습니다.

"아! 이 짐만 없다면… 수월하게… 기어오를 수… 있을 텐데….'

"이봐요!"

위쪽에서 누군가 크리스천을 부르는 것 같았습니다.

"이봐요! 수렁을 건너게 도와줄 얕은 여울이 있다는 걸 몰랐나요? 손을 주세요!"

크리스천은 있는 힘을 다해 손을 머리 위로 뻗었습니다. 누군가가 그의 손을 단단히 움켜쥐는 게 느껴졌습니다.

"일어나세요! 하나님의 사랑을 위해 얼른 일어나세요!"

위에서 들리는 목소리가 더욱 커졌습니다. 크리스천은 그 말을 듣고 힘을 냈습니다. 그는 바닥이 단단하다는 것을 기억했습니다. 그리고 무릎에 힘을 주고 벌떡 일어났습니다. 크리스천의 앞에는 나무 몸통 같은 팔에, 삽처럼 큰 손에, 포도주 통처럼 둥글고 억센 가슴을 가진 어떤 남자가 서 있었습니다. 그의 목소리가 그 통 안에서 공명을 울리다 마침내 밖으로 나와 맑고 큰 울림을 내는 것 같았습니다.

"나는 도움Help입니다."

그 사람이 말했습니다.

"저는 크리스천입니다."

"끔찍한 낭패를 당할 뻔 하셨습니다."

도움이 크리스천의 어깨를 토닥이면서 싱긋 웃었습니다.

"두려움은 끔찍한 일을 하게 만듭니다."

"저는 두려워하지 않았습니다. 다만 수렁을 건너고자 했을 뿐입니다."

"만일 당신이 정말로 두려워하지 않았다면 얕은 여울을 발견했을 것입니다. 이 수렁은 두려움의 장소입니다. 수렁은 늪지 밑바닥에서 솟아오를 뿐 아니라 두려움에 가득한 우리들의 영혼에서도 솟아오릅니다."

도움이 여전히 미소를 머금고 온화한 표정으로 말했습니다.

"복음전도자가 저를 이곳으로 보냈습니다."

크리스천이 추위에 오들오들 떨며 말했습니다.

"당신의 짐을 보니 알 수 있을 것 같습니다. 저쪽이 당신이 가려고 하는 길입니다."

도움이 빛나는 문으로 향하는 마른 땅을 가리키며 말했습니다. 그곳을 보니 빛나는 문이 어느새 성큼 눈앞에 다가와 있었습니다.

"부디 저 문으로 들어가기를 빕니다."

도움이 말했습니다. 크리스천은 몸에 묻은 진흙을 닦아낸 뒤에 급히 길을 서둘렀습니다.

짐을 내려놓기 위해서라면

다시 멸망의 도시, 시끌벅적한 소리에 잠을 깬 크리스티아

"저 쪽이 당신이 가려고 하는 길입니다."

나가 창밖을 내다보았습니다. 이웃들이 물에 빠진 생쥐 신세가 된 가련한 변덕쟁이를 동그랗게 둘러싸고 야유와 조롱을 퍼붓고 있었습니다. 고집불통이 맨 앞에 서서 끌끌 혀를 찼고, 변덕쟁이의 코앞에 손수건을 흔들어대며 놀렸습니다. 그녀가 창에서 눈을 떼려고 할 때, 막내아들 다윗이 안아달라는 표시로 두 팔을 벌렸습니다.

"아무 것도 아니란다."

크리스티아나가 아들을 안아 창문에서 떼어놓으며 말했습니다. 그러나 그 애는 창밖에서 일어나는 일에는 관심이 없었습니다. 대신 창밖 너머 먼 동쪽 벌판을 가리켰습니다.

"엄마, 빛이에요."

그 애가 멀리 보이는 들판을 가리키며 말했습니다.

"빛이 새어나와요."

그러나 그녀는 눈길도 주지 않았습니다.

나는 크리스티아나의 얼굴이 불안한 기색으로 일그러지는 것을 꿈속에서 분명히 보았습니다. 그래서 "당장 멸망의 도시를 떠나세요. 동쪽으로 가세요. 지금은 올바른 방향으로 가는 것만으로 충분해요!"라고 외치려 했지만, 꿈이란 게 다 그렇듯이 아무리 외쳐도 소리가 나오지 않았습니다.

그리고 그때, 짐이 더욱 무거워져 거의 절망에 빠져 있는 크리스천을 보았습니다. 짐을 내려놓기 위해서라면 무엇이라도 기꺼이 할 것 같았습니다. 한편으로는 길을 포기할지도 모른다는 생각이 들었습니다.

II
빛나는 문

율법 어르신을 찾아갔지만

크리스천은 길 중간에서 발걸음을 멈추었습니다. 그리고 가죽 끈을 더욱 조여 짐을 자신의 몸에 단단히 동여맸습니다. 수렁의 물을 머금은 짐들이 그의 몸에 착 달라붙었습니다. 그가 발걸음을 멈추자마자 뒤쪽의 낮은 언덕에서 어떤 남자가 어슬렁거리며 나타났습니다. 세상의 지혜자 Worldly-Wiseman 였습니다. 그는 땅딸막하고 다부진 체격의 소유자로, 얼굴에 살이 많아 두 눈이 흡사 화살 자국처럼 작은 점 같아 보였습니다. 그는 눈에 보이는 것은 무엇이나 참견하고 평가하는 사람이었습니다. 짙은 갈색의 곱슬머리 가발을 쓰고, 금단추가 가지런히 달리고 길게 늘어진 벨벳 외투를 입고 있었습니다. 그래서 그를 잘 모르는 사

람들은 그가 매우 중요한 사람일 거라고 생각했습니다.

"이보시오, 친구!"

그가 부드럽고 세련된 목소리로 물었습니다.

"그렇게 무거운 짐을 지고 어디로 가는 중이오?"

"이 짐을 내려놓기 위해 저기 보이는 빛나는 문으로 가는 중입니다."

크리스천이 앞에 보이는 문을 가리키며 대답했습니다.

"그렇소?"

세상의 지혜자가 말했습니다.

"하지만 그 문은 아직도 멀리 있지 않소?"

그가 손으로 턱을 만지작거리며 잠시 멈췄다가 다시 말했습니다.

"내가 조언을 하고 싶은데 들어주겠소?"

"선한 충고라면 기꺼이 듣겠습니다."

"좋아요. 그러면 우선 그 짐을 내려놓으라고 충고하고 싶소이다."

"그래서 복음전도자가 저를 이곳으로 보낸 것입니다."

크리스천이 한숨을 쉬며 대답했습니다.

“이보시오, 친구. 복음전도자는 물론 좋은 사람이오. 하지만 그가 이 길을 알려주었다면 당신은 엄청난 위험과 걱정거리를 피할 수 없을 것이외다. 나도 조금 전에 보았지만 당신이 이미 지나온 수렁은 시작에 지나지 않소. 이 길 앞에는 사자들과 괴물들과 거인들, 그리고 온갖 두려운 것들과 목마름과 배고픔이 도사리고 있소.”

그가 흐뭇한 표정으로 불룩한 배를 가볍게 두드리더니 다시 말했습니다.

“나 같으면 그런 위험을 향해 정면으로 돌진하는 잘못을 범하지 않을 것이오.”

“저도 그럴 마음은 없습니다만….”

물에 젖었던 가죽 끈이 마르면서 몸을 더욱 조인 탓에, 크리스천이 백짓장처럼 하얘진 얼굴로 대답했습니다.

“이 짐을 내려놓자니 달리 방법이 없습니다.”

“그렇군요. 사실은 그래서 내가 당신에게 온 것이오. 내가 해주고 싶은 충고는, 지금까지 당신이 읽고 있던 책을 당장 집어던지고 내 지시를 따라 율법律法,Legality이라는 어른이 살고 있는 마을로 들어가라는 것이오. 짐을 내려놓게 하는 데 있어서 그 어른만한 권위를 가진 사람도 없을 거요. 그리고 그 어른이 원하는 대가는 실로 합리적이오. 일단 짐을 내려놓고 나면 가족들을 불러 그 마을에서 살고 싶다는 생각이 들 것이오. 그 마을에 빈 집이 많다는 소식을 최근에 들은 적이 있소이다.”

짐의 무게 때문에 크리스천의 등이 다시 휘어졌습니다.

“그런데 만약 그 어른을 만나도 짐을 벗을 수 없다면….”

“이보시오, 친구. 그 어른에게는 ‘만약’이란 게 있을 수 없소. 그러니 결정을 하시오. 나는 중요한 사람이오. 당신 같은 사람에게 허비할 시간이 없소이다.”

그 사람이 주머니에서 은시계를 꺼내 시간을 보았습니다.

“그러면 율법 어르신 집이 어디 있습니까?”

크리스천이 잠시 머뭇거리다 물었습니다.

“저기 높은 언덕 보이시오?”

세상의 지혜자가 흡족한 미소를 지으며 말했습니다.

“네. 잘 보입니다.”

“언덕 너머 첫 번째 집이 바로 그 어른의 집이오.”

세상의 지혜자는 코트 안주머니에서 서류를 꺼내 뭔가를 확인하더니 어디론가 사라졌습니다.

크리스천은 무거운 짐을 다시 한번 끌어당긴 다음 높은 언덕을 향해 가기 시작했습니다. 그러나 발을 뗄 때마다 짐이 더 무거워졌고 가죽 끈이 팽팽하게 조여왔습니다.

언덕 가까이 이르자 언덕이 살아 있는 것처럼 눈앞에 다가왔습니다. 육중한 돌덩이들이 경사면을 타고 굴러 내렸고, 갈라진 틈에서 불이 뿜어져 나왔고, 바위들은 시뻘겋게 달궈져 있었습니다. 그래도 크리스천은 조심조심 앞으로 나아갔습니다. 그러나 가까이 가면 갈수록, 산처럼 높은 언덕이 그의 머리 위로 쓰러질 것만 같았습니다. 크리스천은 그 자리에서 무릎을 꿇었습니다. 그리고 세상의 지혜자의 충고를 들었던 것을 후회하기 시작했습니다.

복음전도자를 다시 만나다

"일어나시오!"

어디선가 소리가 들렸습니다. 크리스천이 들어본 목소리였습니다. 복음전도자였습니다. 하지만 크리스천은 너무나 부끄러워 일어날 수가 없었습니다.

"일어나시오!"

복음전도자가 다시 소리쳤습니다. 그리고 크리스천의 겨드랑이 사이로 손을 넣어 일으켰습니다. 크리스천은 복음전도자의 눈동자를 응시했습니다. 검은 눈동자가 타오르고 있었습니다.

“믿음이 작은 연약한 인간이여! 어찌 그리도 빨리 곧은길에서 벗어난단 말이오?”

“세상의 지혜자가 이 길로 가라고 충고하기에….”

“그런데 세상의 지혜자는 어디로 사라지고 당신만 여기 있단 말입니까? 당신은 고되지만 옳은 길에서 벗어나게 하는 사람, 지금 당장은 보화를 주는 것 같지만 결국에는 죽음을 안겨줄 사람, 지금도 당신 머리 위로 넘어지고 있는, 이 언덕의 노예인 율법이라는 자의 속임수에 당신을 넘길 사람의 충고를 듣고 말았습니다.”

크리스천은 그 말을 듣고 다시 무릎을 꿇었습니다.

“저는 길을 잃고 말았습니다. 제게 희망이 없는 겁니까? 제가 그 문을 향해 다시 돌아갈 수 없는 것입니까?”

“진심입니까?”

복음전도자가 물었습니다.

“사자들과 괴물들과 거인들, 그리고 온갖 두려운 것들과 목마름과 배고픔까지 각오하겠다는 말씀입니까?”

“만약 그 길이 고되지만 옳은 길이라면 그 모든 것을 견디기를 소망합니다.”

“그렇다면 하나님의 도우심과 은혜로 능히 할 수 있을 것입니다.”

복음전도자가 크리스천의 어깨 위에 손을 얹고 말했습니다.

“이제 일어나 임마누엘(우리와 함께하시는 하나님)의 축복을 의지하고 가십시오. 부디 그 문으로 들어가기를 빕니다.”

크리스천이 일어나자 복음전도자는 홀연히 사라졌습니다. 크리스천은 바위들이 굴러 떨어지는 산에서 급히 방향을 틀어, 왔던 길을 되짚어 돌아갔습니다. 죄를 범하는 금지된 땅에 발을 들여놓았다가 급히 돌아가는 사람처럼 빠르게 걸었습니다.

마침내 곧은길로 나왔습니다. 거기엔 그가 아는 사람들이 많이 있었습니다. 이웃 마을에서 온 사람들이 그를 불렀지만 그는 대꾸하지 않고 그냥 지나갔습니다. 세상의 지혜자가 “이런 식으로 내 충고를 무시하기요?”라고 사납게 소리쳤지만 크리스천은 처다보지도 않았습니다. 크리스천은 그들 모두를 지나쳐 빛나는 문을 향해 나아갔습니다.

바알세불의 화살을 피해 빛나는 문으로

그리고 그는 곧 빛나는 문 앞에 도착했습니다. 그 문은 지금까지 보았던 다른 어떤 문보다 더 높고 견고했습니다. 화강암들을 정교하게 맞춰 조금의 틈새도 보이지 않는 튼튼한 벽 한 가운데 우뚝 서 있었습니다. 문 위에는 빛나는 횃불이 놓여 있었고, 양쪽에 가로로 박힌 여러 개의 검은 쇠테들이 목재로 된 문을 튼튼하게 지탱하고 있었습니다. 그 쇠테들 끝에 달린 경첩 또한 너무나 견고해서 꿈쩍도 하지 않을 것 같았습니다. 크리스천은 나무의 무게를 재려는 듯 문에 손을 뻗었지만 재빨리 손을 거뒀습니다. 그 문의 표면이 온통 오래된 핏자국으로 덮여 있었기 때문입니다.

"어떻게 들어가지?"

크리스천이 난감한 표정을 지으며 말했습니다.

바로 그때, 어디선가 화살이 날아와 그의 왼쪽 어깨를 스치고 지나가 문에 꽂혔습니다. 그리고 곧바로 다른 화살이 조금 전에 그가 손을 댔던 곳에 꽂혔습니다. 그는 짐의 무게로 넘어지지 않을 만큼 최대한 몸을 웅크리고 주변을 살펴보았습니다. 성벽 위 어딘가, 격렬하게 끓어오르는 황색 안개로 가려진 높은 곳 어딘가에 망루의 윤곽이 보였습니다. 그러고 보니 바람을 타고 흐릿한 소리가 들리는 것 같았습니다. 지휘관의 명령하는 소리와 병사들의 외침소리가 바람을 타고 그의 귀에 들렸습니다.

크리스천은 문을 두드리라는 복음전도자의 말을 기억하고 힘차게 두드렸습니다.

"열어주세요! 열어주세요!"

"문을 열어달라고 소리치는 자가 누구입니까?"

안에서 엄숙한 목소리가 들려왔습니다.

"멸망의 도시에서 온 가련한 영혼입니다. 복음전도자의 가르침을 따라 이곳에 왔습니다."

다시 화살 하나가 날아와 그의 어깨를 스쳐 지나갔고, 동시에 문이 열렸습니다. 엄청난 크기의 문이었지만 아주 쉽게, 소리 없이 스르르 열렸습니다. 그리고 손 하나가 나와 크리스천의 팔뚝을 움켜쥐고 안으로 끌어당겼습니다. 그러자 다시 문이 스르르 닫혔습니다. 이후에도 화살이 계속 날아와 픽, 픽 소리를 내며 문에 꽂혔습니다. 그 섬뜩한 소리는 한참 계속되더니 점차 희미해졌습니다. 크리스천은 너무 두려워 입이 열리지 않았습니다.

"선생님, 감사합니다."

그는 가까스로 속삭이듯 말했습니다.

"목숨을 구해주서서 감사합니다."

어느새 태양이 세상의 가장자리 끝으로 고개를 숙이고 하늘이 보랏빛으로 변하고 있었습니다. 동쪽은 벌써 어둑어둑했습니다. 그 때, 성벽 높은 곳 어딘가에서 누군가가 나팔을 불었습니다. 그 곡조가 너무도 경쾌하여 가장 높은 음에 이를 때마다 하늘의 별들이 반짝이는 것만 같았습니다. 멸망의 도시에 있는 사람들도 그 소리를 들었습니다. 그러나 그 나팔소리가 누구를 위한 연주인지 아무도 알지 못했습니다. 다만 크리스천의 딸 리브가는 그 소리가 아빠를 위한 것 같다고 생각했습니다.

"나는 친절親切, Goodwill이라고 합니다."

크리스천을 안으로 끌어당겼던 문지기가 말했습니다.

"나는 언제나 기꺼이 문을 열 준비를 하고 있습니다. 그런데 바알세불의 화살은 날카롭고 치명적입니다. 아까 당신이 맞을 뻔한 바로 그 화살이지요. 많은 사람들이 문을 두드리려고 하다가 문 앞에서 죽고 말았습니다."

크리스천은 검게 얼룩진 핏자국이 생각나 부르르 떨었습니다.

친절 Goodwill

“지나간 일 때문에 진저리를 치는 것은 당연합니다.”

친절이 말했습니다.

“그러나 이제 끝난 일입니다. 미래를 보십시오. 빛나는 문이 당신에게 열렸으니 아무도 닫지 못할 것입니다. 제 말이 복음전도자가 말한 그대로 아닙니까?”

친절이 은은한 미소를 짓더니 크리스천의 손을 잡아끌며 물었습니다.

“그런데 혹시 그의 말을 의심한 적이 있습니까?”

“네.”

크리스천이 심각한 표정으로 고개를 끄덕이며 대답했습니다.

“절망의 늪에 빠져 거의 죽을 뻔했을 때, 그리고 율법이라는 자를 찾으려고 길에서 벗어났을 때, 이렇게 두 번 의심했습니다.”

“그의 언덕은 많은 사람들에게 죽음을 안겨주었습니다. 그리고 앞으로도 많은 사람들을 죽음으로 이끌 것입니다. 그곳에서 도망쳤다니 정말 다행입니다.”

크리스천은 아무 말도 하지 않고 고개를 끄덕이며 친절의 말을 들었습니다.

“그런데 당신 혼자만 길을 떠났습니까?”

친절이 물었습니다.

"아무도 따라오지 않았습니까?"

"제 친구 고집불통과 변덕쟁이가 따라왔었습니다."

"하지만 여기까지 동행하지는 않았군요."

"그렇습니다."

"당신 가족들은 따라오지 않았습니까?"

"네…."

두 사람은 각자의 생각에 잠겨 한동안 말없이 걸었습니다. 문에서 조금 걸어 들어가자 곧은길이 나왔습니다. 너무나 곧아, 그 길에 있는 나무들과 언덕, 그 길 밖에 있는 냇물마저도 벌벌 떠는 것처럼 보였습니다. 초저녁의 별들이 어둑어둑한 하늘을 수놓았습니다.

크리스천은 어스름한 초저녁의 별빛 아래서 아내와 아이들을 데리고 계곡을 산책하던 기억이 떠올랐습니다. 그러자 멸망의 도시에 남아 있는 가족들이 걱정되었습니다.

"모든 게 다 잘될 겁니다."

친절이 말했습니다. 크리스천은 깜짝 놀라 친절을 바라보았습니다.

'이 사람이 내 마음을 다 읽고 있는 것인가?'

그리고 크리스천은 혼잣말로 대답했습니다.

"그래, 모든 게 다 잘될 거야."

"예, 모든 일이 다 잘될 겁니다."

친절은 이렇게 말한 뒤에 잠시 멈추었다가 다시 말을 이었습니다.

"크리스천, 이 길을 따라 곧장 가십시오. 곧은길에서 벗어나지 마십시오. 좌로나 우로나 치우치지 마십시오."

"그렇지만 만약 제가…."

"선택을 해야 할 때마다 곧은길, 좁은 길을 택하십시오."

"고되지만 옳은 길을 말씀하는 것이지요?"

크리스천이 말했습니다.

"알겠습니다. 그런데 제 짐은 어떻게 합니까?"

"제가 할 수만 있다면 기꺼이 벗겨드리겠습니다만…."

크리스천은 친절이 자기 짐을 덜어줄 수 없다는 것을 알았습니다. 크리스천은 크게 심호흡을 한 뒤에 짐을 단단히 짊어졌습니다.

"그러면 저는 이 길로 계속 가겠습니다."

친절은 아무 말도 하지 않았습니다. 그는 길을 가르쳐주고 손을 흔들어 작별인사를 한 다음에 다시 문으로 돌아갔습니다. 아마도 문을 두드릴 또 다른 순례자를 맞으러 가는 것이겠지요.

해설자의 집

크리스천에게 그날 하루는 다른 어느 날과도 비교할 수 없는 귀한 날이었습니다. 그날 아침에만 해도 그는 어렸을 때부터 알고 있던 들판을 걷고 있었습니다. 그런데 지금은 어떻습니까? 이전에 결코 알지 못했던 길, 심지어 들어보지도 못했던 길을 걷고 있지 않습니까?

그는 오래 전부터 읽어왔던 그 책을 손에 들고 읽으며 길을 걸었습니다. 희미한 불빛이 더욱 희미해져 글씨가 보이지 않을 때까지 읽으면서 계속 걸었습니다. 피곤하고 지쳐 짐의 무게를 견딜 수 없을 때가 되었을 즈음, 창밖으로 맑은 빛이 스며 나오는 집 한 채를 발견했습니다. 그는 비틀거리며 그 집 앞으로 다가가 문을 두드렸습니다.

대답이 없었습니다.

다시 문을 두드렸습니다.

이번에도 대답이 없었습니다.

그런데 갑자기 무지막지하게 사나운 개가 미친 듯이 짖어대는 소리가 들렸습니다. 먼 데서 들리는 것 같기도 하고, 가까운 데서 들리는 것 같기도 했습니다. 크리스천이 다시 문을 두드렸습니다. 이번에는 문이 열렸습니다. 그러나 문이 열림과 동시에 크리스천은 현관에서 쓰러지고 말았습니다. 졸음이 엄습했습니다. 부드러운 손이 마치 아기를 안아 올리듯 가볍게 그를 들어올려 푹신한 침대에 눕혔지만, 그는 아무 것도 느끼지 못했습니다.

대신에 크리스천은 이른 새벽에 일어났습니다. 옳은 길로 왔다는 확신이 들기도 했지만, 한편으로는 여행을 계속해야 한다는 생각에 조금 불안했습니다. 새벽하늘을 바라보니 수많은 별들이 회색에서 분홍빛으로 변하는 하늘의 빛깔을 따라 색을 바꾸다가 태양 빛에 자리를 내주고는 사라졌습니다. 그는 꼿꼿이 앉아 지평선 너머로 고개를 쳐드는 태양을 바라보았습니다. 둥근 태양이 모습을 드러내자 그때까지 침묵하던 새들이 갑자기 짹짹거리고 휘파람을 불며 유쾌한 합창을 시작했습니다. 그 소리가 어찌나 맑고 순수하던지, 크리스천은 새들이 새벽을 처음 맞는 것일지도 모른다고 생각했습니다.

"매일 새로운 기적이 일어납니다. 당연히 일어날 거라고 기대했던 일이 일어나는 것이야말로 기적입니다."

크리스천은 깜짝 놀라 소리가 나는 곳으로 몸을 돌렸습니다. 아무 인기척이 없었기 때문입니다. 크리스천은 그렇게 말한 사람의 생김새를 표현할 말을 찾을 수가 없었습니다. 그리고 나중에 그런 질문을 받았을 때에도 자기가 보았던 그 사람의 모습을 묘사할 수가 없었습니다. 그는 단지 "그 사람은 기쁨이 충만했습니다. 사실 기쁨이란 말로는 부족하고, 마음 놓고 신뢰할 수 있는 그런 사람이었습니다"라고만 말하곤 했습니다. 크리스천은 그 사람이 어떻게 생겼는지 아무 것도 기억할 수 없었습니다.

"나는 해설자Interpreter입니다."

그 사람이 말했습니다.

"당신에게 도움이 될만한 몇 가지를 보여드리겠습니다."

해설자는 크리스천의 대답을 기다리지도 않고 방문을 열고 복도로 나갔습니다. 방문을 열자 미풍이 들어와 해설자가 들고 있던 촛불들이 깜빡거렸고 동시에 그림자들이 벽에서 춤을 추었습니다.

어떤 남자가 그려진 그림

크리스천은 해설자를 따라 긴 통로로 내려갔습니다. 통로 양쪽에는 열려진 문들이 있었고, 그 문들은 각각 방으로 통했습니다. 그러나 모든 방에 다 들어가지는 않았습니다.

그들이 처음으로 들어간 방은 오싹할 정도로 추웠습니다. 그래서 하품을 꾹꾹 참고 있던 크리스천은 정신이 번쩍 들었습니다. 벽에는 어떤 남자가 하늘을 바라보고 있는 그림이 걸려 있었습니다. 그 남자는 크리스천이 가지고 있는 것과 같은 책인 성경을 손에 들고 있었고, 보석으로 장식된 황금 면류관을 머리에 쓰고 있었습니다. 그리고 그 남자의 등 뒤로 좁은 길이 길게 펼쳐져 있었습니다. 크리스천은 그 부분을 유심히 살펴보았습니다. 그림의 배경에서 빛나는 문과 율법의 언덕과 절망의 수렁과 심지어 자신이 살던 곳까지도 볼 수 있었습니다.

"이 그림은 무엇을 의미합니까?"

크리스천이 물었습니다.

"이 사람은 이 세상의 것들에서 등을 돌려 하늘을 향한 사람입니다. 그래서 이 사람은 영광의 약속을 바라봅니다.”

해설자가 대답했습니다. 크리스천이 다시 그림을 감상하는 동안 해설자가 잠시 멈추었습니다.

“제가 보여드리는 모든 것들을 기억하십시오. 그리고 길을 선택해야 할 때에 지침으로 삼으십시오.”

“편하지만 그릇된 길과 고되지만 옳은 길을 선택해야 할 때를 말씀하시는 것이지요?”

해설자가 고개를 끄덕였습니다.

율법의 비질과 은혜의 비질

해설자가 미소를 지으며 그를 다음 방으로 데려갔습니다. 그 방에서는 어떤 처녀가 빗자루로 방을 쓸고 있었는데, 먼지가 너무 두껍게 쌓여 오히려 허공에 먼지만 흩뿌리고 있었습니다.

“물을 뿌리시오!”

해설자가 말했습니다. 처녀가 물을 뿌리자 먼지가 내려앉아 바닥에 가득 쌓였습니다.

“이 먼지는 죄입니다.”

해설자가 말했습니다.

"첫 번째 비질은 율법의 비질입니다. 율법은 죄를 없앨 수 없습니다. 오히려 죄를 더욱 분명하게 드러낼 뿐입니다."

"무슨 말씀인지 알 것 같습니다."

크리스천이 율법의 언덕을 기억하며 대답했습니다.

"그러나 두 번째 비질은 은혜의 비질입니다. 두 번째 비질로 방이 깨끗해졌듯이 은혜는 영혼을 소생시킵니다."

물을 붓는 사람과 기름을 붓는 사람

다른 방으로 들어가니 벽난로가 뜨겁게 타올라 열기로 후끈했습니다. 그런데 이상하게도 어떤 남자가 주전자를 들고 난로 가까이 서서 장작에 계속 물을 부어대고 있었습니다. 그런데도 불은 결코 사그라지지 않았습니다.

"어떻게 이런 일이 일어날 수 있는 겁니까?"

크리스천이 물었습니다.

"저를 따라 벽 뒤쪽으로 오십시오."

해설자가 말했습니다. 그곳에 가보니, 한 남자가 난로 뒤에 서서 화염 속에 은밀히 기름을 붓고 있었습니다.

"물을 붓고 있는 남자는 마귀입니다."

해설자가 설명했습니다.

"마귀는 불, 곧 은혜의 역사를 *끄기* 위해 애씁니다. 벽난로 뒤에 있는 사람은 그리스도입니다. 그리스도는 사람들 마음 안에서 이미 시작된 은혜의 역사를 더욱 촉진시키기 위해 조용하고 은밀하게 일하고 계십니다."

크리스천은 진지한 표정으로 고개를 끄덕였습니다.

"방 두 개를 더 보여드리겠습니다. 아마 다음 방을 보시면 두려울 것입니다."

그들은 창문도 없이 어두컴컴하고, 바닥에는 아무 것도 깔리지 않은 높은 곳에 있는 방으로 들어갔습니다. 모퉁이에 놓인 흔들리는 촛불 하나가 음침한 얼굴로 철창 안에 웅크리고 있는 사람에게 옅은 빛을 던지고 있었습니다.

절망을 만나다

"해설자님, 이 사람은 누구입니까?"

"제가 누구인지 알고 싶은가요?"

철창 안에서 희미한 목소리가 들려왔습니다.

"누구냐고요? 누구라도 제가 될 수 있습니다. 당신도 저처럼

절망 Despair

될 수 있습니다. 나는 절망絶望, Despair입니다.”

슬프게도 그는 모든 것을 포기한 것 같았습니다.

“나도 한때는 당신처럼 ‘천성’天城, Celestial City을 향해 길을 떠났습니다. 그러나 길을 잃고 다른 길로 빠지고 말았습니다. 그래서 지금은 영원히 길을 잃어 이렇게 철창 안에 갇힌 것입니다.”

“거기서 나올 방법은 없습니까?”

“전혀 없습니다.”

“회개하고 다시 옳은 길로 들어서면 되지 않겠습니까?”

“그럴 수 없습니다.”

“왜 그럴 수가 없는 것입니까?”

“나를 그냥 내버려 두십시오. 자꾸 희망적인 말로 나를 괴롭히지 마십시오. 나는 절망입니다. 나는 길을 잃었습니다.”

크리스천은 해설자를 따라 밖으로 나왔습니다. 크리스천의 얼굴에 슬픔이 가득했습니다.

“저 사람에게 희망이 없는 것입니까?”

“한 가지 있습니다.”

해설자가 대답했습니다.

빛나는 갑옷을 입은 기사

그 한 가지 희망이 무엇이냐고 크리스천이 묻기도 전에 밝은 은색 갑옷을 입은 어떤 사람이 두 사람 앞을 지나 통로를 따라 내려갔습니다. 그를 따라가 보니, 어떤 문 옆에 사람들이 초조한 표정으로 옹기종기 모여 앉아 방으로 들어가려다가 이내 되돌아오는 게 보였습니다. 조금 전에는 보이지 않던 사람들이었습니다.

문 옆에는 책상이 놓여 있었고, 책상 뒤에 어떤 사람이 앉아 가지런히 줄이 쳐진 책에 무엇인가를 적고 있었습니다. 방에 들어가기를 원하는 사람들의 이름을 받아 적는 모양이었습니다. 그런데 그 사람 바로 뒤, 방 안쪽에 어둠의 기사들이 검과 창을 들고 무섭게 서 있었습니다. 밖에서 기다리는 사람들은 그들이 너무 무서워서 감히 안으로 들어가지 못했습니다.

그때 은색 갑옷 차림의 빛나는 기사Shining Knight가 책상 뒤에 앉아 있는 사람에게 뚜벅 뚜벅 걸어갔습니다. 그는 "내 이름을 기록하시오!"라고 단호하게 말한 뒤에 거침없이 검을 빼들어 어둠의 기사들에게 달려들었습니다.

무기들의 챙챙 거리는 소리는 크리스천이 상상할 수 있는

빛나는 기사 Shining Knight

어떤 소리보다 더 컸습니다. 어둠의 기사 하나가 뽀족한 창으로 빛나는 기사의 가슴을 겨누었습니다. 그러자 그가 창끝을 싹둑 베어버렸습니다. 빛나는 기사는 장검을 쥐고 달려드는 어둠의 기사 하나를 오른손으로 간단히 무찌른 다음 옆에서 달려드는 기사를 칼자루 끝으로 내리쳤습니다. 그리고 무릎을 향해 날아오는 창을 가볍게 피해 어둠의 기사들을 뚫고 지나갔습니다. 그는 약간 부상을 당했지만 여전히 강했습니다.

"희망이 있다는 말이 무슨 뜻인지 알 것 같습니다."

빛나는 기사가 싸우는 모습을 보고 난 크리스천이 미소를 지으며 말했습니다.

"당연히 그러실 줄 알았습니다."

해설자가 말했습니다.

"해설자님, 다른 방도 볼 수 있습니까?"

"아니오."

"제가 배워야 할 교훈이 더 이상 없다는 말씀입니까?"

"물론 당신은 더 많은 것을 배워야 합니다."

해설자가 크리스천의 팔꿈치를 잡아끌며 말했습니다.

"하지만 이 모든 방이 당신을 위한 것은 아닙니다. 이 가운데는 나중에 올 사람들을 위한 것들도 있습니다. 아마 다른 종류의 교훈이 당신을 기다리고 있을 겁니다."

두 사람은 통로를 내려가 돌로 된 부엌으로 들어갔습니다. 회반죽을 칠한 벽들이 부엌의 온기를 반사했고, 얇게 쪼갠 장작이 타는 냄새와 빵 굽는 냄새가 섞여 묘한 향을 풍겼습니다. 투박한 나무 식탁에는 아침상이 차려져 있었습니다. 음식은 수수하고 소박했지만, 긴 여정 동안 바라던 바로 그런 식단이었습니다.

두 사람은 아침 식사를 마친 뒤에 밖으로 나왔습니다. 크리스천은 앞에 있는 길을 바라보았습니다. 거칠었지만 매우 곧은 길이었습니다. 견고하고 높은 벽이 그 길을 따라 길게 뻗어 있었습니다. 크리스천은 아직 무거운 짐을 내려놓지 못했지만 여행을 다시 시작하고 싶었습니다.

"보혜사 성령님께서 당신과 늘 함께 하셔서 그곳으로 이끌어 주시기를 기도합니다."

해설자가 두 손을 높이 들고 축복했습니다. 크리스천은 해설자와 작별한 뒤에 길로 들어섰습니다. 그는 해설자에게 짐을 덜어줄 수 있겠냐고 묻지 않았습니다. 때가 이르면 짐이 풀릴 때가 올 거라고 믿었기 때문입니다. 그는 그때가 언제인지 몰랐지만 그때는 점점 다가오고 있었습니다.

십자가 언덕에 오르자 짐이 벗겨지다

크리스천은 가파른 언덕 아래 이르렀습니다. 언덕 한쪽 옆에는 어두운 무덤이 입을 쩍 벌리고 있었습니다. 그는 구부정하게 몸을 구부리고 언덕을 오르기 시작했습니다. 그러나 오르면 오를수록 경사가 급해져 거의 기어서 올라가야 했습니다. 그는 마지막 힘을 다해 언덕 꼭대기에 올라 위를 올려다보았습니다. 거기에는 놀랍게도 그리스도의 십자가가 있었습니다. 그리고 어느 때보다 더 밝은 태양이 십자가의 거무스름한 나무에 광채를 비추고 있었습니다.

그런데 그 순간, 짐을 동여맸던 가죽 끈이 느슨해졌습니다. 끈들이 스르르 풀렸습니다. 무거운 짐이 무게중심을 잃고 땅에 떨어졌습니다. 언덕 아래로 구르며 부서지기 시작했습니다. 점점 빠르게 굴러 열린 무덤의 입으로 들어갔습니다. 짐이 크리스천의 눈에서 영원히 사라졌습니다.

나는 무거운 짐이 크리스천의 어깨에서 풀려 어둠 속으로 굴러 떨어지는 것을 꿈에서 보았습니다. 마치 내 어깨를 짓누르던 짐이 사라진 것처럼 말로 설명할 수 없는 기쁨과 희열이 나를 사로잡았습니다.

노래를 부르고 싶었습니다.

그냥 뛰고 싶었습니다.

빙빙 돌고 싶었습니다.

두 팔을 벌리고 태양의 따사로움을 만끽하고 싶었습니다.

하지만 그것은 여행의 시작에 지나지 않았습니다. 그렇지만 썩 좋은 출발이었습니다. 크리스천과 나를 위해서 말입니다.

III
아름다운 궁전의 네 아가씨

빛나는 세 존재에게 두루마리를 받다

크리스천은 어안이 벙벙했습니다. 등을 더듬어 보았지만 아무 것도 만져지지 않았습니다. 어깨를 더듬어 보았지만 아무 것도 없었습니다. 짐이 없어진 것입니다. 완전히 사라진 것입니다. 그는 흥분을 이기지 못해 거친 소리를 질렀고, 마치 구름을 타고 나는 것처럼 좋아하면서 팔짝팔짝 뛰었습니다.

그는 다시 등을 만져보았습니다. 그러자 이번에는 찬송이 흘러나왔습니다. 어릴 때부터 알고 있던 사랑과 감사의 찬송이 터졌습니다. 그는 무릎을 꿇었습니다. 그리고 기쁨과 감격으로 그 언덕의 푸른 풀밭에서 뒹굴다 풀밭에 누웠습니다. 풀을 뜯어 허공에 날리며 은은한 향을 음미했습니다. 아마 '백리향'百里香 풀밭에 누웠던 모양입니다. 그리고 푸른 하늘을 뚫어져라 바라보았습니다. 그렇게 누워 하늘을 보았던 게 언제인지 기억나지 않았습니다.

"평화가 있을지어다."

어디선가 목소리가 들렸습니다. 크리스천은 너무도 행복한 나머지, 풀밭에서 뒹굴며 소리치는 것을 다른 누군가가 보았다는 게 하나도 창피하지 않았습니다.

"당신에게도 평화가 깃들기를 바랍니다!"

크리스천은 자동적으로 대답했습니다. 그리고 자신의 입에서 자연스럽게 그런 말이 나왔다는 게 마냥 신기했습니다. 빛나는 세 존재Three Shining Ones가 그의 앞에 서 있었지만, 그들의 발밑에 있는 풀잎들은 조금도 휘어지지 않았습니다. 빛나는 세 존재는 아주 미묘하고도 우아하게 움직였습니다. 그들 발아래에서 돌아가고 있는 세상 위를 사뿐사뿐 걷는 것 같았습니다.

"네 죄가 용서받았고 네 짐이 사라졌다."

첫 번째 존재가 말했습니다. 크리스천은 십자가를 바라보았습니다. 그는 그 모든 게 십자가 은혜 덕택임을 알고 있었습니다.

두 번째 존재는 절망의 수렁의 물로 얼룩지고 무거운 짐의 무게로 군데군데 찢긴 크리스천의 옷을 벗기고 깨끗한 새 옷을 입혀주었습니다.

세 번째 존재는 크리스천의 이마에 입을 맞추며 양피지 두루마리를 건네주었습니다. 두루마리는 주인의 서명이 새겨진 붉은 밀랍으로 봉인되어 있었습니다.

"천성에 이를 때까지 간직하라!"

세 번째 존재가 말했습니다. 그리고 빛나는 세 존재가 몸을 돌이켜, 언덕 아래로 보이는 곧은길을 가리켰습니다. 크리스천은 빛나는 세 존재를 바라보더니, "나약한 인간이 은혜에 무엇으로 보답하겠습니까?"라고 말하며 언덕 아래로 내달렸습니다. 짐이 사라진 덕에 몸이 그렇게 가벼울 수가 없었습니다.

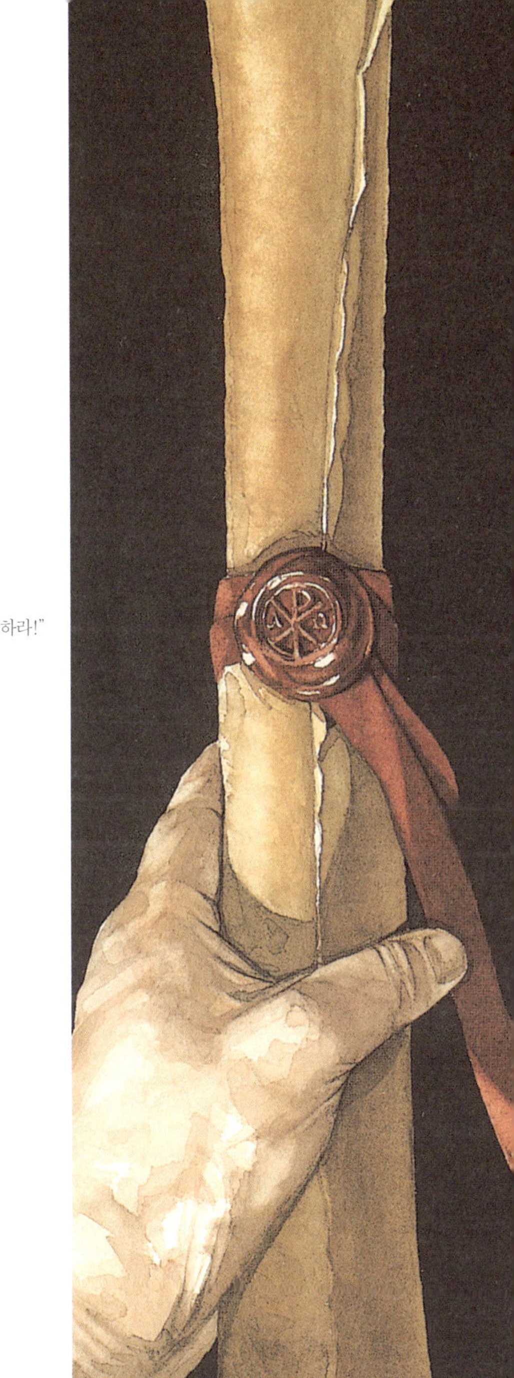

"천성에 이를 때까지 간직하라!"

도움을 거절하는 세 사람

그는 언덕 아래에서 사슬에 발이 묶인 사람 셋을 만났습니다. 그들은 잠을 자고 있었습니다. 그들이 자유를 얻으려고 발버둥치다가 지쳐 잠든 게 틀림없다고 크리스천은 생각했습니다.

"일어나세요!"

크리스천이 사슬을 자세히 보려고 무릎을 꿇으며 큰 소리로 말했습니다.

"포기하지 마세요! 더구나 이 언덕 근처까지 왔으니 포기하면 안 됩니다! 제가 여러분을 도울 수 있을 거예요."

세 사람은 졸린 듯 눈을 비비고 일어나 하품을 해대며 위를 올려다보았습니다.

"이 자는 또 누구야?"

첫 번째 사람이 다른 두 친구에게 말했습니다. 그의 이름은 어수룩Simple이었습니다.

"큰 위험이라도 닥친 것처럼 이 사람이 우리들을 깨우네 그려."

그가 아주 천천히 말했습니다. 얼마나 느리게 말하던지 그의 말조차도 잠을 자는 것 같았습니다.

어수룩 Simple

"그렇습니다. 위험합니다. 마귀가 우는 사자처럼 삼킬 자들을…."

"그렇다면 여기서 쉬면서 준비하게 내버려둬요."

두 번째 사람이 크리스천의 말을 가로막았습니다. 그의 이름은 게으름Sloth이었습니다. 어수룩과 게으름은 돌아누워 드르렁드르렁 코를 골기 시작했습니다.

"여러분을 도울 수 없는 건가요?"

크리스천이 세 번째 사람에게 물었습니다.

"앞가림 정도는 알아서 하는 사람들이니 당신이나 잘 하쇼!"

거만倨慢, Presumption이라는 사람이 대답했습니다. 그는 자신의 재치에 만족한 듯 싱긋 웃었습니다. 하품을 연달아 하다가 기지개를 켜고, 또다시 잠들어버렸습니다.

'정말 알 수 없는 일이네.'

크리스천은 걸으면서 생각했습니다. 그리고 품에 간직한 두루마리가 잘 있는지 확인한 후에 한탄하며 말했습니다.

"아! 좁고 곧은 이 길로 걷기를 원하는 사람이 나 말고는 없단 말인가!"

편한 길로 간 위선자와 형식주의자

"그럴 리가 있겠소? 착한 양반!"

크리스천은 소리가 나는 곳을 바라보았습니다. 어떤 뚱뚱한 남자가 길을 따라 서 있는 벽을 넘어오고 있었습니다. 그의 뒤에는 거무데데한 얼굴에 비쩍 마른 남자가 얼굴을 잔뜩 찌푸리고 따라오고 있었습니다. 그 사람은 태어나서 지금까지 한번도 웃어본 적이 없는 것 같아 보였습니다.

"나는 위선자偽善者, Hypocrisy라고 하오."

뚱뚱한 남자가 볼을 타고 내리는 땀을 닦아내고 옷매무새를 매만지며 자신을 소개했습니다. 그는 호주머니에 손을 넣어 입담배를 꺼내면서 옆에 있는 친구도 소개했습니다.

"이 친구는 형식주의자形式主義者, Formalist라고 하오."

형식주의자는 점잖게 목례를 건넬 뿐 아무 말도 하지 않았습니다.

"만나서 반갑습니다."

크리스천도 인사했습니다.

"그런데 두 분께서 빛나는 문을 거치지 않고 벽을 넘어오시다니 어인 일입니까?"

위선자 Hypocrisy

“우리는 ‘헛된 영광의 땅’Land of Vainglory에서 왔소이다. 우리나라 사람들 모두가 알고 있듯이, 우리나라에서 빛나는 문까지 가려면 먼 거리를 돌아가야 하오. 하지만 이 벽을 넘으면 아주 쉽게 올 수 있소. 그러니 이런 기막힌 지름길을 이용하는 게 당연한 거 아니겠소?”

“하지만 그건 이 땅의 주인께서 정하신 법이 아닐 텐데요?”

“아, 그런 게 있었소?”

위선자가 뻔뻔스럽게 말했습니다.

“쳇! 그 따위 법은 집어치우라고 하시오!”

크리스천은 여행을 시작한 이래 ‘집어치우시오’라는 말을 참 많이도 들어보았습니다.

“당신도 지금 이 길 위에 있고 우리들 또한 그렇소. 어쩌면 당신이 빛나는 문으로 들어왔을 수도 있고 아닐 수도 있소. 과정이야 어찌 되었든 당신과 우리들의 현재 위치가 같지 않소?”

“중요한 것은 지금 우리가 당신과 마찬가지로 이 길 위에 있다는 것이오.”

마침내 형식주의자가 입을 열었습니다.

“그리고 당신과 우리들의 상황이 전에 얼마나 달랐던지 간에 지금은 동일하다는 것이오.”

“그렇소. 그게 핵심이오.”

위선자가 고개를 끄덕이며 맞장구를 쳤습니다.

“자, 이제 남의 일에 신경 쓰지 말고 자기 앞가림이나 잘 하면서 천성을 향해 갑시다.”

“하지만 두 분은 두루마리를 갖고 있지 않습니다.”

“때가 이르면 우리들도 필요한 것을 갖게 되리라 의심치 않소. 정녕 당신은, 선한 의도로 여기까지 온 우리 같은 사람들이 마지막에 거절을 당할 거라고 생각하는 거요? 그런 심술궂은 교만과 사악한 오만은 당신에게나 어울리지 우리들에게는 어울리지 않소이다!”

세 사람은 길을 걷기 시작했습니다. 크리스천이 몇 발짝 앞서서 두루마리를 읽으며 걸었고, 위선자와 형식주의자는 가는 길이 지루하다며 이것저것 투덜대며 뒤에서 터벅터벅 걸었습니다.

얼마 후에 그들은 세 갈래 길에 도착했습니다. 왼쪽과 오른쪽에 넓은 길이 쭉 펼쳐져 있었습니다. 이끼가 피어 있는 낮은 둑이 두 길을 따라 끝없이 뻗어 있었고, 도로 가장자리에 서 있는 사시나무 잎들이 산들바람에 하늘하늘 날리고 있었습니다. 두 길이 그들을 유혹했습니다. 그러나 앞에 있는 길은 무척 좁았습니다. 그 길은 '고난'difficulty이라 불리는 산으로 이어지면서 가파른 경사를 이루었습니다. 아찔하게 높은 그 길을 오르면 누구라도 위험에 노출된다는 것을 그들은 알고 있었습니다.

크리스천은 두루마리를 품에 넣고 그 길을 따라 오르기 시작했습니다.

"미쳤소?"

위선자가 비아냥거렸습니다.

"양쪽으로 난 넓은 길이 보이지 않소?"

"이 길은 고되지만 옳은 길입니다."

"천성으로 가는 길은 많아요."

형식주의자가 목소리를 높였습니다.

"그만큼 많은 사람들이 부름을 받기 때문이오. 알겠소?"

"암 그렇고 말고!"

위선자가 맞장구를 쳤습니다.

"이보게, 형식주의자! 나는 왼쪽으로 갈 테니 자네는 오른쪽으로 가게나. 양쪽 길 끝으로 가면 산을 돌아 만나는 지점이 있을 테니 이 미치광이는 여기 남겨두고 우리들이나 길을 재촉하세."

형식주의자가 고개를 끄덕이고 오른쪽 길로 향했습니다. 위선자도 크리스천을 힐끗 쳐다본 뒤에 왼쪽 길로 향했습니다. 그러나 두 사람은 곧 컴컴한 숲에 당도하고 말았습니다. 그들이 거기에서 무슨 일을 당했는지는 아무도 모릅니다. 다만 그 시간 이후로 그들의 모습은 보이지 않았습니다.

고난의 산을 힘겹게 올라 잠이 들다

크리스천은 가벼운 걸음으로 산을 오르기 시작했지만 점점 다리에 힘이 빠지고 무릎이 후들거렸습니다. 산기슭을 타고 내려오는 차가운 바람에 깎이고 닳아 거칠어진 바위들을 타고 올라갔습니다. 높이 오를수록 나무들도 보이지 않았고, 태양은 여전히 비추고 있었지만 온기가 느껴지지 않았습니다.

한참을 올라 산허리에 이르렀을 때 길마저도 없어지고 말았습니다. 그는 산등성의 가장 덜 거친 부분들을 골라 거의 기다시피 하면서, 발 디딜 곳도 없는 바위틈에 매달려 팔 힘으로만 몸을 지탱했습니다. 넓게 갈라진 틈을 두 번이나 뛰어 넘고, 사람 하나 간신히 지나갈만한 너비의 절벽 턱을 아슬아슬하게 걸으

"만약에 두루마리의 약속이
없었다면 벌써 이 길을 포기
했을 것입니다."

면서 힘겹게 산을 올라갔습니다. 만약에 두루마리의 약속이 없었다면 그는 벌써 이 길을 포기하고 넓은 길로 갔을 것입니다.

그렇게 크리스천은 악전고투하며 산허리를 지나 정상이 보이는 능선에 이르렀습니다. 찬 바람에 성장이 둔화되어 옹이가 박힌 쭈글쭈글한 관목 몇 그루가 띄엄띄엄 돋아 있었습니다. 그리고 그 관목들 사이 양지 바른 아늑한 곳에 정자亭子 하나가 서 있었습니다. 순례자들이 잠시 숨을 돌릴 수 있도록 그 땅의 주인이 아주 오래 전에 세운 것이었습니다. 그러나 태양이 부드러운 손을 크리스천의 어깨 위에 얹고, 나무들이 녹색의 그늘을 드리우자 그의 눈꺼풀이 점점 내려앉았고 호흡도 편안해졌습니다.

"정상까지 가려면 잠깐 쉬면서 원기를 회복해야겠어."

그는 혼잣말로 말했습니다. 그렇게 가만히 앉아 있노라니 고된 등반으로 지친 그의 몸이 잠을 자라고 유혹했습니다. 결국은 잠이 들고 말았습니다. 그가 눕자 그의 품에서 두루마리가 툭 떨어졌습니다.

산을 내려가는 두 사람

그는 황혼 무렵이 되어서야 눈을 떴습니다. 서쪽 하늘에서는 성질 급한 별 하나가 벌써 모습을 드러냈습니다. 그러나 크리스천은 더 어두워지기 전에 정상에 오르기로 결심했습니다. 정상 가까이 이르렀을 때, 그는 두 사람을 만났습니다. 그들은 맞은편에서 잰걸음으로 산을 내려오고 있었습니다. 처음에 크리스천은 위선자와 형식주의자일 거라고 생각했지만, 두 사람은 그들에 비해 몸집이 훨씬 작았습니다. 등을 구부정하게 구부리고, 마치 발작을 하는 것처럼 고개를 좌우로 흔들며 급히 내려왔습니다.

"이 길만이 옳은 길인데 어디로 가십니까? 그릇된 길로 가지 마십시오."

크리스천이 두 사람을 불렀습니다.

"옳은 길이라고?"

두 사람 가운데 소심 小心, Timorous 이라는 사람이 말했습니다.

"저 앞에 사자들과 귀신들과 온갖 위험이 도사리고 있어요. 그릇된 길로 가는 사람은 우리들이 아니라 바로 당신이오."

"그러나 이 땅의 주인께서 모든 위험으로부터 우리들을 보호하실 것입니다."

"보호 같은 소리 하지 마쇼!"

소심과 불신 Timorous & Mistrust

이번에는 불신 不信, Mistrust 이라는 자가 말했습니다.

"만약 사자가 잠을 자지 않았다면 우린 벌써 갈기갈기 찢겼을 거요. 당신도 더 늦기 전에 내려가는 게 좋을 거요. 계속 가봤자 이로울 게 하나도 없어요."

크리스천은 잠시 생각했습니다.

'뒤로 가도 이로울 게 없기는 마찬가지야. 멸망의 도시로 돌아가도 결국 거기서 죽고 말 거야.'

불신과 소심은 크리스천이 무슨 생각을 하나 싶어 어깨를 으쓱했습니다. 그리고 말했습니다.

"당신이 어리석긴 했지만 그래도 용감하게 죽었다고 당신 아내에게 전해줄게요."

그들은 이렇게 말하고 다시 급하게 산을 내려갔습니다. 크리스천은 두 사람의 뒷모습을 지켜보았습니다. 그리고 다시 산 정상을 바라보았습니다. 주변에 짙은 어둠이 깔렸습니다. 크리스천은 미처 피하기도 전에 풀숲의 사자가 자기를 먼저 발견하게 될까봐 은근히 걱정스러웠습니다. 크리스천은 두루마리의 약속으로 위안을 받으려고 품 안을 뒤적거렸습니다. 그러나 없었습니다. 두루마리가 없었습니다.

“이런 바보!”

크리스천은 주변을 살펴보았습니다.

“어디에서 떨어트린 거지?”

사방을 살펴보았지만 없었습니다. 크리스천은 절망적으로 흐느끼면서 지나온 길을 되짚어 내려가기 시작했습니다. 혹시 너무 어두워 땅에 떨어진 두루마리를 못보고 지나갈까봐 천천히 땅을 응시하며 내려갔습니다. 그렇게 정자가 있는 데까지 내려갔습니다. 그런데 바로 거기, 그가 잠들었던 곳에 두루마리가 떨어져 있었습니다.

“이런 멍청이 바보!”

그가 다시 말했습니다.

“제대로 갔으면 벌써 멀리 갔을 텐데 잠을 자는 바람에 오후 시간을 완전히 허비하고 말았어.”

그렇지만 고요한 밤하늘 아래 있는 정자는 아주 평온해보였습니다. 그래서 크리스천은 거기서 밤을 지새우고 아침 일찍 일어나 출발하면 어떨까 하는 생각도 해보았습니다. 그러나 고개를 돌려 산 정상을 보니 아직 갈 길이 멀었습니다. 다시 서둘러 발걸음을 옮겼습니다. 앞이 잘 보이지 않을 정도로 어두워져 손과 발로 나뭇가지들을 더듬으며 천천히 걸었습니다.

불신과 소심을 만났던 곳에 다시 이르렀을 때, 그는 다시 사자에 대해 생각하기 시작했습니다.

"어떻게 하지? 밤이야말로 사자들이 먹이를 찾아 어슬렁거리는 시간인데…"

그는 주의를 살피며 걸었고, 마침내 정상에 도착했습니다. 사방을 둘러보니 다행히도 그리 멀지 않은 곳에 웅장한 궁전이 있었습니다. '아름다운 궁전'Palace Beautiful이라 불리는 곳이었습니다. 궁전 안에서 시작된 밝은 빛이 높은 담과 그 위로 뾰족하게 솟은 망루까지 퍼져, 밤하늘에 나부끼는 깃발 아래까지 비추고 있었습니다. 그곳에 가면 안전하게 하룻밤을 묵을 수 있을 거라고 크리스천은 생각했습니다.

아름다운 궁전의 사자

크리스천은 길을 따라 내려가기 시작했습니다. 그러다가 갑자기 멈춰 서서 돌로 만든 사람처럼 꼼짝하지 않았습니다. 사나운 짐승의 으르렁거리는 소리 같은 게 들렸기 때문입니다. 하지만 바위를 스치고 지나가는 바람 때문에 그 소리가 어느 쪽에서

들리는지 알아차릴 수가 없었습니다.

그러나 몇 발짝 더 내려가자 의심의 여지도 없이 분명해졌습니다. 그 무서운 울음소리는 바로 궁전에서 새어나오고 있었습니다. 크리스천은 그 칠흑 같은 어둠 속에서 앞을 보지 못하는 생물체가 자기뿐이라는 것을 느끼면서 두루마리를 꼭 쥐고 앞으로 나갔습니다. 나무들이 뒤에서 쫓아와 앞으로 가라고 자꾸 미는 것 같았습니다. 그러나 앞은 여전히 캄캄했습니다.

그런데, 궁전 가까이 이르자 대문이 활짝 열려 있는 것이 보였습니다. 그 문 옆에 사자들이 웅크리고 있는 것도 보였습니다. 사자들은 그가 가까이 올 때까지 조용히 기다렸습니다. 그러다가 턱을 쩍 벌리고 발톱을 날카롭게 세우더니, 귀를 평평하게 눕히고 갑자기 튀어 올라 사납게 으르렁거리기 시작했습니다. 사자들이 들썩일 때마다 그들을 묶고 있는 쇠사슬이 부딪히며 나는 덜그렁 덜그렁 소리에 오히려 크리스천은 겁이 났습니다. 그래서 그는 뒷걸음질치기 시작했습니다.

그때, 갑자기 세 가지 일이 동시에 일어났습니다. 사자들이 울음을 멈췄고, 문지기가 열려진 문 밖으로 나왔고, 밝은 달이 하늘 가운데로 떠오른 것입니다. 달은 온통 빛으로 충만해 그

빛의 일부를 똑똑 떨어트리는 것처럼 보였습니다. 그러자 궁전 대문까지 이어진 좁고 곧은길도 유백색의 빛을 내며 모습을 드러냈습니다.

"당신의 강함이 고작 그 정도입니까?"

문지기가 크리스천에게 말했습니다. 그의 이름은 경계警戒, Watchful였습니다.

"사자들은 사슬에 묶여 있으니 두려워하지 마십시오. 당신의 믿음을 보이십시오. 길 가운데로 걸어오십시오. 아무 것도 당신을 해하지 않을 것입니다."

크리스천은 문지기 등 뒤를 돌아보았습니다. 사자들이 다시 보였습니다. 사자들은 달빛을 보자 허둥지둥 달아나 그늘에 웅크리고 앉아서 불을 담은 듯 벌게진 눈으로 그를 노려보고 있었습니다. 모든 피조물들은 완벽하게 잠잠했습니다. 크리스천이 움직이기를 기다렸습니다.

"이쪽으로 오십시오."

문지기가 인도했습니다.

문지기의 격려에 용기를 내다

크리스천은 문지기가 있는 쪽으로 가기 시작했습니다. 두루마리를 꼭 쥐고 있었지만, 사자들과 거리가 좁혀지자 너무나 떨려 두 무릎이 부딪혔습니다. 아니나 다를까, 사자들이 다시 튀어 올라 덤볐습니다. 그러나 크리스천은 용기를 내서 유백색의 곧은길을 길을 따라 열려진 문을 향해 곧바로 걸어갔습니다. 사자들이 맹렬한 입김을 내뿜을 때마다 목덜미에 서늘한 소름이 돋았지만 그는 걸음을 멈추지 않았습니다. 사자들의 발톱이 어깨를 스치고 지나가도 계속 걸었습니다. 그리고 마침내 사자들을 지나갔을 때, 그는 안도의 한숨을 쉬며 환하게 웃었습니다.

문지기가 좁은 길을 따라 내려와 크리스천에게 손을 내밀었습니다. 크리스천이 기뻐하면서 그의 손을 꼭 잡았습니다.

"아름다운 궁전에 오신 것을 환영합니다."

문지기가 말했습니다.

크리스천은 아직 두려움이 완전히 가시지 않아 말하기가 힘들었지만, 힘을 내서 물었습니다.

"오늘 밤에 이곳에서 묵을 수 있겠습니까?"

"저희는 보통 이처럼 늦은 시간에 찾아오는 손님에게는 문을 열어주지 않습니다. 그런데 어젯밤에는 어디에서 묵으셨습니까?"

"해설자의 집에서 머물렀습니다."

"그런데 어찌 이리 늦은 것입니까?"

크리스천은 깊은 한숨을 내쉬었습니다. 그리고 정자에서 잠들었던 것과 두루마리를 떨어트려 왔던 길을 다시 돌아갔던 일에 대해 슬픈 표정으로 말했습니다. 문지기는 고개를 끄덕이며 들었습니다.

"그런 순례자들이 있다는 이야기를 종종 들은 적이 있었는데, 당신처럼 제대로 찾아오는 사람은 거의 없었습니다. 안으로 들어오십시오. 이 궁전의 아가씨들을 소개해드리겠습니다."

분별 아가씨와 언니들

문지기가 크리스천을 궁전 안으로 데려갔습니다. 현관에 붙은 방은 엄청나게 크고 천정도 무척이나 높았습니다. 두 사람이 밝은 색의 모자이크 타일을 밟고 지날 때마다 또각또각 발소리가 났지만 은실과 금실로 벽을 화려하게 수놓은 빼어난 자수 장식들이 그 소리를 삼키고 빨아들였습니다.

그들은 첫 번째 방을 지나, 그것보다는 조금 작지만 훨씬 더 안락해 보이는 두 번째 방으로 들어갔습니다. 흰 드레스에 진홍색 벨트를 두른 아가씨가 우아한 자태를 보이며 그 방 한 가운데 서 있었습니다. 크리스천을 영접하기 위해 아까부터 기다리고 있는 것 같았습니다. 그녀가 천천히 크리스천에게 다가와 악수를 청했습니다. 그 동작이 어찌나 단아한지 하나도 버릴 데가 없었습니다.

"당신의 이름이 무엇입니까?"

그녀가 크리스천의 눈동자를 응시하며 물었습니다.

"크리스천입니다."

그가 대답했습니다.

"저는 멸망의 도시에서 온 순례자입니다."

누가 묻지도 않았는데 크리스천은 지난 이야기를 하기 시작했습니다. 그리고 이야기가 거의 끝나갈 무렵, 그 아가씨의 눈에 굵은 눈물이 맺혔습니다.

"이곳에 오신 것을 환영합니다."

그녀가 조용히 말했습니다.

"이 집은 이 땅의 주인이신 임마누엘께서 당신과 같은 순례자들을 위로하기 위해 만든 곳입니다.”

그녀는 문지기에게 언니들을 불러오라고 고갯짓을 한 다음, 짙은 얼룩이 진 나무 의자에 앉았습니다. 그리고 다른 의자를 가리키며 크리스천에게 앉으라고 권했습니다.

“제 이름은 분별 分別, Discretion 입니다. 당신의 여행에 대해 말씀해주세요. 당신이 마주쳤던 일들과 극복했던 일들에 대해 듣고 싶습니다.”

“분별 아가씨는 제가 훌륭한 순례자라고 생각하시는 것 같습니다.”

크리스천이 말했습니다. 분별이 은은한 미소를 지었습니다. 크리스천은 분별 아가씨가 자기를 높이 평가하는 것 같아 잠시 우쭐한 기분이 들었습니다.

그들이 이야기를 시작한 지 얼마 지나지 않아 분별의 세 언니가 방으로 들어왔습니다. 그래서 그녀와 크리스천, 신중 愼重, Prudence, 자비 慈悲, Charity, 경건 敬虔, Piety 이렇게 다섯 사람은 다른 방으로 자리를 옮겼습니다. 그 방에 들어가니, 문지기가 식탁을 차려놓고 흰 접시에 담긴 과일과 은잔에 담긴 붉은 포도주와 바구니에 담긴 따끈한 빵을 내왔습니다.

분별 Discretion

크리스천은 아주 오랫동안 그들과 이야기를 나누었습니다. 크리스천은 그곳까지 오게 된 과정과 자신의 가족에 대해 이야기했습니다. 아가씨들은 앞으로 크리스천이 겪게 될 일에 대해서는 말하려 하지 않았으나, 고되지만 옳은 길을 벗어나지 말라고 진심으로 격려해주었습니다. 날이 밝으면 그의 여행을 도와줄 선물을 주겠다고 약속했습니다.

그리고 그들은 그 궁전의 주인에 대해 이야기했습니다. 그 궁전의 주인은 사망의 권세를 가진 자와 싸워 승리한 위대한 전사라고 했습니다. 그분은 순례자들을 사랑하고, 모든 사람들이 천성으로 들어와 자신을 만나게 되기를 원하시며, 강하고 완벽해서 천성 밖에서는 도무지 알 수 없는 기쁨으로 순례자들을 영접하신다고 설명했습니다.

그들의 이야기는 늦은 밤이 되어서야 끝났습니다. 크리스천은 아가씨들과 이야기를 하는 동안 피곤함을 싹 잊고 있었습니다. 하지만, 2층 방에서 두꺼운 이불을 덮고 누워 벽에서 춤추는 난로 불빛과 동쪽으로 난 창문을 통해 어둠 속에서 밝게 빛나는 총총한 별들을 보니 만족스럽고 편안해져 잠이 들었습니다. 사자들은 조용했습니다. 쇠사슬 소리도 들리지 않았습니다. 크리스천은 '평화'peace의 방에서 깊은 잠에 빠졌습니다. 그는 어릴 때 이후로 그렇게 곤히 자본 적이 없었습니다.

그러나 다음 날에 무슨 일을 겪게 될지 알았다면 그렇게 곤히 잠들 수는 없었을 것입니다.

나는 꿈속에서 두려워 떨었습니다. 크리스천은 지금까지 먼 길을 잘 걸어왔고 또 많은 어려움을 극복했습니다. 그런데 왜 분별 아가씨는 크리스천이 앞으로 겪게 될 일들을 말해주지 않은 것일까요? 사자들은 왜 조용했던 것일까요?

동쪽 하늘이 어슴푸레 변하더니 다시 붉게 변했습니다. 그리고 크리스천이 잠든 평화의 방에 장밋빛을 흩뿌렸습니다. 크리스천은 아직 잠에서 깨지 않았지만 은은한 미소를 짓는 것으로 보아 그 빛을 느끼는 것 같았습니다.

새 날이 밝아 다시 태양이 서산으로 기울 때, 그가 지금처럼 밝은 표정으로 편안한 미소를 지을 수 있을까요? 나는 이유를 알 수 없었지만 두려워 떨었습니다.

IV
아볼루온과의 결투

네 아가씨들의 귀한 선물

크리스천이 아침 일찍 아래층으로 내려오니 문지기가 기다리고 있었습니다. 아가씨들이 무기창고에서 기다리고 있으니 어서 그쪽으로 가자고 그가 말했습니다. 그들은 환하게 조명이 밝혀진 통로를 따라 푹신한 융단을 밟으며 한참을 내려갔습니다. 통로 양쪽에는 유리를 조각조각 이어 만든 창문들이 높이 늘어서 있었습니다. 크리스천이 혼자 왔다면 금세 길을 잃고 헤맸겠지만, 문지기가 앞장을 선 덕택에 무기창고를 지키고 있는 육중한 참나무 문에 곧 도착했습니다. 나무는 오래된 것 같았지만 무척 튼튼했습니다.

"여기저기 베이고 상처가 났네요."

크리스천이 참나무 문을 보며 말했습니다.

"당신이 무기창고에서 보게 될 대부분의 것들이 그럴 겁니다."

문지기가 말했습니다.

"이것들이 다 전쟁에 쓰이는 무기니까요."

크리스천이 무기창고 안에서 처음으로 본 것은, 중앙에 입을 굳게 다물고 곧은 자세로 서 있는 분별과 세 언니의 모습이었습니다. 그곳은 고색창연한 예배당에 들어갔을 때처럼 숙연한 마음이 드는 그런 방이었습니다. 짙은 색의 서까래들이 이쪽 벽에서 저쪽 벽을 가로질러 천장 아래 놓여 있었고, 그 아래 천성으로 가는 순례자들의 이야기를 묘사한 밝은 색 깃발들이 걸려 있었습니다. 대부분의 깃발들은 아직 미완성으로 남아 있었습니다.

자비의선물 Charity's Gift

벽에는 방패와 흉패와 투구가 걸려 있었고, 그 아래쪽에 정강이 보호대와 비늘로 덮인 장갑들이 쌓여 있었습니다. 대부분의 갑옷들은 반짝반짝 광이 나는 새 것이었지만, 격렬한 전투의 흔적으로 군데군데 움푹 파이고 상처가 난 것들도 많았습니다. 이것들은 전투를 할 때 필요한 전신갑주全身甲冑였습니다.

신중이 벽에 걸린 흉패를 가져다 크리스천에게 입혀주며 말했습니다.

"이것이 죽음을 휘두르는 자로부터 당신을 보호해줄 것입니다."

그 다음에 경건이 투구를 씌워주고 정강이 보호대를 입혀주며 말했습니다.

"이것들이 앞으로 치를 전투에서 당신을 강하게 만들 것입니다."

자비는 날이 넓은 검을 주었습니다. 손잡이에는 황금 장식이 새겨져 있었고, 담금질로 제련된 칼날은 만지기만 해도 서늘한 기운이 느껴졌습니다.

분별은 원형의 커다란 방패를 전해 주며 말했습니다.

"이것이 사악한 자의 화살에서 당신을 지켜줄 것입니다."

마지막으로 네 자매들이 크리스천의 손에 장갑을 끼워주었습니다. 크리스천은 아가씨들이 주는 엄청난 선물에 압도되어 아무 말 없이 서 있었습니다. 그러나 그는 한 가지 부족한 게 있다고 생각했습니다.

"등을 보호해줄 갑옷은 없습니까?"

크리스천이 물었습니다.

"싸움에서 물러나 적에게 등을 보이며 후퇴할 작정이십니까?"

분별이 꾸짖듯이 말했습니다.

"그런 일은 결코 없을 것입니다."

크리스천이 겸연쩍은 미소를 지으며 대답했습니다.

"그런 갑옷은 필요하지 않습니다. 이제 이쪽으로 오십시오."

분별이 말했습니다.

"떠나시기 전에 보여드릴 게 하나 더 있습니다."

임마누엘의 땅, 기쁨의 산

그들은 크리스천을 데리고 궁전의 가장 높은 망루로 향하는 계단을 올라갔습니다. 크리스천은 아래를 내려다보았습니다.

저 아래에서 새들이 지저귀며 날고 있었고, 은빛 개울들이 태양 빛을 반사하고 있었습니다.

"남쪽을 보십시오."

분별이 한 곳을 가리키며 말했습니다. 이제 막 잎을 내기 시작한 포도나무와 녹색으로 물든 숲으로 꾸며진 넓은 평원이 짙푸른 산들과 절묘한 조화를 이루었습니다. 여러 개의 샘에서 흘러나온 가는 물줄기들이 산 아래에 이르러 시내를 이루고, 그 둑을 따라 빨강, 하양, 보라빛 꽃들이 군락을 이루어 화려하게 피어 있었습니다.

"저곳이 이 땅의 주인이신 임마누엘의 땅, '기쁨의 산'Delectable Mountains입니다."

분별이 말했습니다.

"저 산 정상에 오르면 천성의 문을 어렴풋이 볼 수 있을 것입니다."

크리스천은 당장이라도 가고픈 마음에 쏜살같이 계단을 뛰어 내려갔습니다. 그 동작이 너무도 빨라 네 자매가 따라잡기에는 역부족이었습니다. 크리스천은 계단 아래 이르자, 초조하게 왔다 갔다 하면서 네 자매를 기다렸습니다. 마침내 네 자매가 환하게 웃으며 계단을 내려왔습니다. 그들은 크리스천이 그렇게 조바심을 내는 이유를 크리스천보다 더 잘 이해하고 있었습니다. 크리스천은 네 아가씨에게 짧은 작별인사를 건네고, 감사의 마음을 깊이 전한 뒤에 길을 떠났습니다.

“안녕히 계십시오!”

크리스천은 밖에까지 배웅 나온 문지기에게 인사했습니다.

“당신이 내게 베푼 그 모든 친절 위에 임마누엘께서 함께 하실 것입니다.”

“크리스천, 부디 천성에 들어가시기를 빕니다!”

문지기도 화답했습니다.

“서두르시면 좀 전에 앞서 간 순례자 한 사람을 만날 수 있을 것입니다.”

“그 사람 이름이 무엇입니까?”

“믿음 Faithful이라고 합니다.”

“그렇다면 제가 아는 사람입니다. 멸망의 도시에 있을 때 제 이웃이었습니다. 그 사람도 천성을 향해 길을 떠났군요.”

“그렇습니다. 두 분이 동행하시면 좋은 친구가 될 겁니다. 두 분께는 서로 격려해줄 친구가 필요할 것입니다. 당신은 ‘고난의 산'처럼 험난하고 높은 곳을 정복했습니다. 그리고 지금은 '겸손의 계곡'Valley of Humiliation이라 불리는 아주 낮은 곳으로 내려갈 차례입니다. 임마누엘과 동행하십시오."

문지기 경계는 빵 한 덩이와 포도주 한 병과 건포도 한 주먹이 담긴 자루를 건네준 뒤에 오솔길 근처에서 작별했습니다.

아볼루온과 치열한 사투를 벌이다

크리스천은 조심스럽게 언덕을 내려가 깊은 계곡에 이르렀습니다. 궁전 망루에서 보았던 기쁨의 산으로 향하는 길을 찾고 싶은 마음이 간절했지만, 아주 낮은 곳을 지나야 한다는 문지기 경계의 말이 자꾸 떠올라 마음이 편치 않았습니다.

오전 무렵, 크리스천은 평온하게 계곡을 지나가고 있었습니다. 주변의 높은 언덕들이 태양을 가려 사방이 어두컴컴했지만, 땅은 그렇게 차지 않았고 험하지도 않았습니다. 그 계곡에는 생명체도 없었고 바람도 없었습니다. 크리스천의 발에 밟히는 자갈소리를 빼면 아무 소리도 들리지 않았습니다. 너무도 조용하고 고요했습니다.

크리스천은 칼자루를 단단히 쥐고 걸었습니다. 방금 전까지만 해도 아무 소리도 나지 않았습니다. 그러나 지금 그는 느낄 수 있었습니다. 무슨 소리가 들리기 시작했습니다. 거대하고 기괴한 어떤 것, 발걸음으로 대지를 울리는 어떤 소리를 분명히 들었습니다.

크리스천은 칼자루를 쥐고 단호하게 섰습니다. 그는 등을 보호할 갑옷이 없었습니다.

그때, 무언가 나타나 그의 앞에 섰습니다. 햇빛이 들지 않아 어두웠지만, 바위에서 나는 빛으로 크리스천은 그 생물체의 모습을 볼 수 있었습니다. 가슴을 덮고 있는 비늘에서는 붉은 빛이 났고, 거대한 날개가 비늘을 부채꼴로 펼쳐 사나운 기운을 내뿜었습니다. 손과 발은 성난 곰의 그것처럼 날카로운 갈고리가 돋아 있었고, 입은 사자의 그것처럼 뾰족한 이빨로 가득했고, 배에는 흉측한 둘째 입이 턱을 쩍 벌리고 불과 연기를 뿜고 있었습니다. 그 생물체는 거칠게 숨을 쉬며 자기 이름이 아볼루온 Apollyon. 무저갱의 사자. 계 9:11 이라고 말했습니다.

"어디에서 온 놈이냐?"

괴물이 천천히 으르렁거렸습니다. 크리스천은 괴물이 어떤 입으로 말하는 것인지 알 수가 없었습니다. 크리스천은 칼자루

를 꼭 쥐고, 그 자리에 못 박힌 듯이 꼼짝하지 않았습니다. 그는 너무나 무서워서 대답을 할 수가 없었습니다.

"어디에서 온 놈이냐?"

괴물이 한 걸음 바짝 다가오면서 다시 물었습니다. 그때 크리스천은 아름다운 궁전을 기억했습니다. 그리고 품 안에 간직한 두루마리의 감촉을 느꼈습니다. 크리스천은 검을 빼 괴물을 겨냥했습니다.

"이 괴물아!"

크리스천이 소리쳤습니다.

"나는 멸망의 도시에서 온 순례자다. 나는 천성을 향해 가는 중이다. 더 이상 가까이 오지 마라!"

"더 이상 가까이 오지 말라고?"

아볼루온이 코웃음을 치면서 말했습니다.

"가까이 오지 말라고 했겠다. 내 지배를 받고 있는 백성 주제에 감히 나한테 명령을 해?"

"나는 네 백성이 아니다!"

"나는 멸망의 도시 주인이다. 그 모든 시민들이 내 백성들이다. 감히 내 영토에서 도망치다니 용서할 수 없다!"

괴물이 배에서 시뻘건 화염을 뿜어냈습니다.

"네가 나를 더 이상 섬기지 않겠다면 이 불로 시커멓게 태워 숯덩이로 만들어주겠다!"

"나는 네가 다스리는 나라에서 태어나 가혹한 폭정에 시달렸지만 지금은 순례자가 되었다. 나는 복음전도자를 만났다. 복음전도자는 내게…."

"시끄럽다!"

복음전도자라는 말을 듣자 아볼루온의 눈이 공포에 질리는 것 같았습니다. 괴물이 배에 달린 입으로 또 다시 붉은 화염을 토해냈습니다. 그리고는 생각에 잠긴 듯 잠깐 뜸을 들이다가 달콤한 목소리로 말했습니다.

"좋다. 나도 내 백성을 가볍게 버리기는 싫다. 그러니 지금 즉시 멸망의 도시로 돌아가라. 그러면 백성으로서의 의무를 가볍게 해주겠다. 내 나라에서 나는 것들은 무엇이나 가져도 좋다."

"나는 다른 왕을 섬기기로 맹세했다. 절대 돌아가지 않을 것이다."

"많은 사람들이 임마누엘에게 충성을 맹세했다가 다시 내

수하로 돌아왔다. 이전의 주인을 쉽게 떠났으니 지금의 주인을 떠나기도 쉽지 않겠느냐?"

"절대 그럴 수 없다."

크리스천이 여전히 칼을 겨눈 채로 말했습니다.

"나는 그분의 지배와 통치, 그분의 백성들과 그분의 나라를 사랑한다. 너는 내게 아무 것도 줄 수 없다. 나는 더 이상 네 백성이 아니다. 더 이상 가까이 오지 마라!"

"나는 임마누엘의 종들이 행복한 결말에 이르지 못하는 것을 보아왔다."

아볼루온이 고소하다는 표정을 지으며 빈정댔습니다. 그리고 왼손에 들고 있는 불타는 창을 만지작거렸습니다.

"왜 그런지 아는가? 내가 이 계곡에서 거의 다 죽였기 때문이다."

크리스천은 아무 대답도 하지 않았습니다. 대신 방패를 굳게 잡았습니다.

"임마누엘이 너 같은 놈을 백성으로 받아줄 거라고 어떻게 확신하느냐? 너는 첫째 주인을 배신했다. 그것만으로도 네가 이미 둘째 주인에게 충성하지 않았다는 게 증명되는 것이다."

“내가 언제 그분께 불충했느냐?”

아볼루온이 크리스천을 노려보며 한 발짝 더 다가왔습니다.

“절망의 수렁에 빠져 거의 죽을 뻔했을 때, 무거운 짐을 없애려고 옳지 않은 방법들을 시도했을 때, 사슬에 매어 있는 사자들이 두려워 거의 돌아가려 했을 때, 아름다운 궁전에서 너의 그 잘난 승리에 대해 말하며 자만심에 부풀었을 때가 바로 그렇다.”

“네 말이 옳다.”

크리스천이 수긍하며 말을 이었습니다.

“아니, 너는 그밖에도 많은 것을 빼먹었다. 그러나 내가 섬기는 왕은 자비가 충만하시므로 그 모든 것을 기꺼이 용서하실 것이다.”

바로 그때, 아볼루온이 날개를 퍼덕이며 허공으로 날아올라 외마디 괴성을 질렀습니다. 그 소리가 얼마나 섬뜩하고 크던지 계곡이 진동했습니다.

“나는 임마누엘의 적이다.”

아볼루온이 노호했습니다.

“나는 그를 증오한다. 그의 법과 그의 나라를 증오한다.”

그리고는 쿵 하는 굉음을 내며 크리스천 바로 앞에 내려앉았습니다. 아볼루온의 발이 격렬하게 땅에 닿는 순간 땅이 쩍 갈라졌습니다.

"그러나 다른 무엇보다도 그의 순례자들을 가장 증오한다."

아볼루온이 독사처럼 쉿 소리를 내며 크리스천을 위협했습니다.

"당장 돌아가서 나를 섬겨라!"

"나는 내 임금 임마누엘의 거룩한 길을 가고 있다. 너를 섬기면 죽음을 면치 못할 것이다."

크리스천이 당당히 버티고 서서 대답했습니다.

"정녕 네가 죽고 싶은 게로구나. 지옥의 이름으로 맹세하노라. 네 영혼을 이 계곡에 쏟아 놓겠다!"

아볼루온이 불타는 창을 어깨 위로 높이 쳐들고 위협하더니 크리스천의 심장을 향해 날쌔게 던졌습니다. 크리스천이 방패로 창을 막았습니다. 그러나 그 뜨거운 열과 괴물의 힘 때문에 뒤로 벌러덩 넘어지고 말았습니다.

아볼루온이 두 발을 벌리고 서서 계속 창을 던졌습니다. 그 속도가 너무 빨라 크리스천은 괴물 가까이 접근할 수가 없었습니다. 크리스천은 이마와 왼손과 발에 상처를 입고 말았습니다. 고통스러운 통증이 몰려왔습니다. 크리스천은 자기가 점점 밀리고 있다는 것을 알았습니다. 아볼루온은 승리를 예감하고 더 많은 창들을 던지면서 가까이 다가왔습니다. 크리스천은 점점 힘이 빠져 방패를 들고 있기에도 벅찼습니다.

그들은 거의 반나절을 싸웠습니다. 크리스천은 점점 밀려났고 아볼루온은 창을 계속 날리면서 가까이 접근했습니다. 그러자 아볼루온의 날개에서 풍겨 나오는 역한 냄새가 크리스천을 덮쳤습니다. 게다가 이마에서 흐르는 피가 눈으로 들어가 크리스천은 날아오는 창이 잘 보이지 않았습니다. 크리스천은 적에게 가까이 다가가 검을 휘둘러보지도 못하고 계속 당하기만 했습니다.

크리스천이 다시 한 걸음 물러나자 아볼루온이 공중으로 날아올랐다가 쿵 소리를 내며 크리스천 바로 앞에 내려앉았고, 크리스천은 그 충격으로 균형을 잃었습니다. 이에 아볼루온이 더 가까이 오더니 날개를 퍼덕여 크리스천을 땅에 내동댕이쳤습니다. 동시에 크리스천은 칼을 놓치고 말았습니다. 아볼루온이 배에 달린 입으로 화염을 뿜어내며 승리의 괴성을 질렀습니다.

“이 배신자 순례자 놈아! 불충의 대가를 받아라!”

아볼루온이 다시 허공으로 날아올랐습니다. 이번에는 땅에 쓰러져 있는 크리스천의 몸에 올라탔습니다. 아볼루온은 괴성을 지른 다음, 앞발톱을 날카롭게 세워 높이 치켜들고 크리스천의 얼굴을 향해 달려들었습니다.

임마누엘의 섭리를 따라

그러나 바로 그때, 크리스천이 임마누엘의 섭리를 따라 손을 뻗어 칼을 잡았습니다. 그리고 앞발을 들어 올려 무방비 상태가 된 아볼루온의 옆구리 깊숙이, 아주 깊숙한 곳까지 칼날을 찔러 넣었습니다.

“우리는 우리들을 사랑하시는 이로 말미암아 너끈히 승리한다!”

크리스천이 포효했습니다. 공포와 고통에 질린 괴물이 소름 끼치는 비명을 지르며 뒤로 물러났습니다. 칼자루를 쥐고 있던 크리스천의 손이 괴물의 검은 피로 물들었습니다. 괴물은 왼쪽 옆구리를 감싸고 두 번 비명을 질렀습니다. 그리고 검은 하늘을 향해 다시 소리를 지르더니 한쪽 날개를 흐느적거리며 어둠 속으로 사라졌습니다.

크리스천이 이제껏 보았던 싸움들 가운데 가장 두려운 싸움이었습니다. 크리스천은 비틀거리며 일어났습니다. 크리스천의 몸은 자신의 피와 아볼루온의 피로 뒤범벅이 되었습니다. 그러나 그는 괴물이 허둥지둥 달아나는 것을 보며 미소를 지었습니다. 그의 마음에서 찬양이 터져 나왔습니다. 크리스천은 캄캄한 계곡 한 가운데 서서 찬양했습니다.

아볼루온이 패배해선지 아니면 크리스천이 찬양을 했기 때문인지 모르겠지만, 그가 노래를 마치자마자 광명의 광선 한 줄기가 계곡의 암흑을 뚫고 들어와 길가에 있는 큰 나무 한 그루를 비추었습니다. 그 나무는 너무나 튼튼하고 푸르러 어두운 계곡조차도 죽일 수 없었습니다. 그것은 이 황폐한 땅에서 기적적으로 싹을 틔운 생명의 나무였습니다. 크리스천은 출혈을 멎게

하고 쓰라린 상처를 치료하고자 그 나무의 잎으로 피를 닦아내
고 상처 부위를 감쌌습니다.

크리스천은 그 나무 아래 앉아 강력한 광명의 빛을 온몸에
받았고, 아름다운 궁전의 문지기 경계가 준 빵과 포도주를 먹었
습니다. 잠시 후에 그는 원기를 회복하고 일어났습니다. 그리고
다시 칼을 뽑아들었습니다. 아볼루온과 같은 적이 언제 어디서
또 나타날지 알 수 없기 때문이었습니다.

아볼루온 같은 적은 더 이상 나타나지 않았습니다.

그러나 그것보다 더 흉악한 적들이 도처에 도사리고 있었습니다.

사망의 음침한 골짜기

겸손의 계곡 끝자락은 '사망의 음침한 골짜기'Valley of the Shadow of Death로 이어졌습니다. 아볼루온의 계곡이 어두웠다면 이 골짜기는 암흑 그 자체였습니다. 크리스천의 앞에 펼쳐진 길은 검고 또 매우 불안정했습니다. 땅은 독으로 가득해 모든 나무들이 죽어 있었습니다. 그 땅에 떨어진 빗물은 즉시 독으로 변해 나무뿌리에 스며들었습니다. 골짜기에 부는 바람은 뜨겁고 메스꺼웠으며, 사람이 내는 소리라고는 생각하기 어려운 소름끼치는 한탄과 신음소리를 싣고 왔습니다. 그곳에는 이름 없는 생물체들만이 살고 있었습니다.

크리스천은 검을 뽑아들고 골짜기 입구에 섰습니다. 그리고 약간 떨렸지만 용감한 목소리로 말했습니다.

"나는 임마누엘의 이름으로…."

그런데 어디선가 공포에 질린 비명이 들려 크리스천은 말을

"내가 사망의 음침한 골짜기로 다닐지라
도 해를 두려워하지 않을 것은 주께서
나와 함께 하심이라."

잇지 못했습니다. 잠시 후, 덤불 속에서 두 사람이 비틀거리면서 나왔습니다. 두 사람은 황급히 서두르다 서로의 발에 걸려 넘어지고 말았습니다.

"방금 사람 목소리 아니야?"

둘 중 한 사람이 말했습니다.

"안 돼! 가까이 가지 마!"

다른 사람이 소리쳤습니다.

"이보시오. 일어나시오. 저쪽에 무엇이 있기에 그렇게 황급히 도망치고 있는 것이오?"

크리스천이 물었습니다. 한 사람은 두려움에 질린 눈으로 크리스천을 보더니 백짓장처럼 하얘진 얼굴로 벌떡 일어나 다른 방향으로 뛰어갔습니다. 그러자 다른 한 사람이 숨을 헐떡이며 말했습니다.

"우리는 골짜기 안쪽까지 깊숙이 들어갔었어요. 그런데 우리가 본 것들 때문에 우리들의 피가 얼음처럼 굳고 말았습니다. 도깨비와 송장귀신과 반인반수 괴물과 귀신들이, 사슬에 묶여 바윗돌을 깨트릴 정도로 처절하게 신음하는 저주받은 영혼들 주변을 서성이고 있는 게 아니겠어요? 짙은 혼돈의 구름이 계곡

전체를 뒤덮고 있어요. 죽음 그 자체가 그들 위에 흉악한 날개를 드리우고 있다구요."

"그렇지만 이 길만이 천성으로 향하는 유일한 길 아닙니까? 그러니 이 골짜기를 통과하는 것 말고 달리 선택의 여지가 없는 것 아닙니까?"

크리스천이 물었습니다. 하지만 그 남자는 아무 대답도 하지 않고 친구를 따라 어둠 속으로 사라졌습니다.

잠시 후, 크리스천은 깊게 심호흡을 한 뒤에 사망의 음침한 골짜기로 발을 들여놓았습니다. 세 발짝을 가자, 한 발을 겨우 디딜 정도로 길의 폭이 갑자기 좁아졌습니다. 칼을 뽑아 들고 있던 크리스천은 외줄을 타는 곡예사처럼 몸의 균형을 잃지 않으려고 애쓰면서 천천히 앞으로 갔습니다.

더욱이 그의 오른쪽에 밑바닥이 보이지 않는 깊은 함정이 있었습니다. 크리스천은 깊이를 가늠해보려고 돌멩이를 떨어트려 보았습니다. 얼마나 깊은지 한참이 지나서야 바닥에 부딪히는 소리가 들렸습니다. 그리고 그의 왼쪽에는 수렁이 있었습니다. 수렁의 진녹색 물 표면이 길 가장자리를 찰싹찰싹 때렸습니다. 수렁에 빠진 사람 중에서 밖으로 나온 사람은 아무도 없었습니다.

크리스천은 아주 천천히 움직였습니다. 왜냐하면 골짜기를 덮고 있는 암흑이 너무 짙어, 앞으로 가려고 발을 들어 올릴 때마다 어디에 발을 내려놓아야 할지 도무지 알 수 없었기 때문입니다. 이제 그는 얼마나 오랫동안 그 길 위에 있었는지조차 알지 못하게 되었습니다. 그는 골짜기입구에서 벌써 몇 시간 째 분투하는 것 같았습니다.

그는 지독한 어둠이 더욱 깊어지고 뜨거운 기운이 더욱 강렬해지고 있다는 것 말고는 아무 것도 생각할 수 없었습니다. 그러나 그런 것들은 그를 기다리고 있는 그곳의 섬뜩한 공포에 비교하면 아무 것도 아니었습니다.

주 하나님의 능력을 의지하다

길 중간쯤 가다보니 어떤 입구가 보였습니다. 그곳은 시뻘건 화염이 끓고 있지만 역한 연기만 내뿜을 뿐 빛은 전혀 발산하지 않는 지옥의 입구였습니다. 그 불이 너무나 뜨거워 크리스천은 헐떡거리면서 간신히 숨을 쉬었습니다. 게다가 허공을 떠돌며 청승맞게 우는 귀신들의 울음소리에 오싹 소름이 돋아, 뜨거운 열기에도 불구하고 그의 몸이 벌벌 떨렸습니다.

그는 두려움에 질리고 불확실함에 압도되어 발걸음을 멈추었습니다. 돌아가는 게 좋을 것 같다고 생각했습니다. 그러자 계속 앞으로 가는 것은 바보짓이라고, 계속 가다가는 끝내 죽고 말 거라고, 그 길은 천성으로 향하는 길이 아니라 지옥으로 향하는 길이라고 정체를 알 수 없는 목소리들이 그의 귀에 속삭이기 시작했습니다. 마침내 앞에서 엄청난 수의 귀신들이 날카로운 괴성을 지르며 달려들자 그는 한 발짝 뒤로 물러났습니다.

만약 그때 크리스천이 등을 돌려 도망쳤다면 귀신들이 그의 몸을 갈기갈기 찢어놓았을 것입니다. 하지만 크리스천은 돌아가지 않았습니다. 그는 손에 쥐고 있는 검으로는 그런 적들을 상대할 수 없다는 것을 깨달았습니다. 그래서 검을 칼집에 넣고 귀신들 한 가운데로 걸어갔습니다. 그리고 소리쳤습니다.

"주 하나님의 능력 안에서 이 길을 걸을 것이다!"

크리스천은 단호하게 앞으로 나가기 시작했습니다. 그러자 귀신들이 옆으로 물러나며 길을 비켜주었습니다. 그는 그림자를 뚫고 지나가듯이 귀신들을 뚫고 지나갔습니다. 귀신들이 날카로운 비명을 지르며 날개로 때렸지만 그는 계속 걸었습니다.

귀신들이 그의 마음에 두려운 저주의 말들을 속삭여도 멈추지 않았습니다. 지옥의 입이 그를 향해 시뻘건 화염을 토해냈지만 그는 계속 걸어갔습니다.

주께서 함께 하신다

그러나 그때, 부상당한 아볼루온의 입에서 나온 귀신 하나가 모든 생각 가운데 가장 두렵고 오싹한 생각을 크리스천의 마음에 집어넣었습니다.

"하나님이 너를 버렸다!"

그러자 크리스천은 움직일 수가 없었습니다. 그의 절망이 깊어졌습니다.

"하나님이 너를 버렸다!"

"하나님이 너를 버렸다!"

그 목소리가 크리스천의 마음에서 연거푸 소리쳤습니다. 크리스천은 정신이 혼미해져서 비틀거렸습니다. 그는 길 옆에 있는 깊은 수렁에 거꾸로 떨어지기 직전에야 겨우 정신을 차렸습니다.

그때 어디선가 소리가 들렸습니다.

"내가 사망의 음침한 골짜기로 다닐지라도 해를 두려워하지 않을 것은 주께서 나와 함께 하심이라!"

크리스천은 깜짝 놀라 주변을 둘러보았습니다. 누가 그런 말을 했는지 알 수 없었지만 자기 말고 다른 누군가가 그 골짜기에 있다는 것은 알 수 있었습니다. 그리고 "주께서 나와 함께 하심이라"는 말을 듣자 자기가 버려지지 않았다는 것을 깨달았습니다.

"거기 누구 있습니까? 당신 이름이 무엇입니까?"

크리스천이 큰 소리로 물었으나 좌절한 귀신들이 청승맞게 우는 탓에 대답이 잘 들리지 않았습니다. 크리스천은 방금 들은 그 말에 힘을 내서 다시 걷기 시작했습니다. 앞으로 나아갈수록 귀신들의 목소리가 점점 희미해졌습니다. 그리고 그렇게 몇 시간이 흐르자 귀신들의 목소리가 완전히 사라졌습니다.

크리스천은 밤이 새도록 동쪽을 향해 걸었습니다. 그리고 마침내 해가 솟았습니다. 마치 하늘에서 해가 툭 튀어나오는 것 같았습니다. 크리스천이 태양을 따라 가고 있어서 그렇게 느꼈는지 몰라도, 여느 때보다 훨씬 더 크게 보였습니다. 골짜기에서 크게 소리쳤던 사람의 모습은 아직 보이지 않았습니다. 크리스

사망의 음침한 계곡의 귀신들

천은 밤새 지나온 길을 돌아보았습니다. 괴상한 모양으로 굽은 길과 지옥 입구에서 춤추고 있는 귀신들의 모습이 희미하게 보였습니다. 갑자기 온몸이 서늘해졌습니다. 그러나 앞을 보았을 때, 아직 그 골짜기를 빠져나온 게 아니라는 것을 깨달았습니다.

이교도 거인

앞에 있는 길에는 함정과 올무와 그물이 설치되어 있었습니다. 길 주변 곳곳에는 깊은 구덩이들이 널려 있었습니다. 구덩이들이 얼마나 많은지, 아까와 같은 암흑 속에서 길을 걸었다면 크리스천의 목숨이 천 개가 넘는다고 해도 그 모든 구덩이들을 다 피하지는 못했을 것입니다. 그러나 지금은 태양이 모든 위험들을 밝혀주고 있었습니다. 그래서 크리스천은 구덩이들을 뛰어 넘고 올무를 피하고 그물을 베며 앞으로 나갈 수 있었습니다.

마침내 골짜기 끝에 이르렀을 때, 크리스천은 정말로 많은 사람들이 이렇게 멀리까지 잘 왔다가 지금 그가 서 있는 이곳에서 목숨을 잃었다는 것을 알게 되었습니다. 왜냐하면 근처 동굴에 납작 엎드려 순례자들을 노리던 거인에게 죽은 희생자들의 피와 해골과 난도질당한 시체들이 주변에 나뒹굴었기 때문입니다.

이교도 Pagan

그 거인의 이름은 이교도異敎徒, Pagan였습니다. 지금은 다행히도 늙어서 힘도 없고 동작도 굼떴습니다. 만약 그렇지 않았다면 크리스천을 무척이나 괴롭혔을 것입니다. 그는 손톱을 깨물며 크리스천을 노려보기만 했습니다. 칼자루를 꼭 쥐고 있던 크리스천은 긴장을 풀었습니다. 거기엔 더 이상 위험이 없었습니다. 그렇게 해서 크리스천은 사망의 음침한 골짜기에서 완전히 벗어났습니다.

~

나는 크리스천이 사망의 음침한 골짜기에서 막 빠져나오는 것을 꿈에서 보았습니다. 네 아가씨들과 작별할 때에 화려한 광채를 내던 그의 갑옷이 이제는 아름다운 궁전의 무기창고에 있던 여느 갑옷들처럼 움푹 파이고 찌그러졌습니다. 그러나 크리스천은 어느 때보다 더 크고, 성숙해 보였습니다. 아니, 그냥 커 보인 게 아니라 더욱 용맹스럽고 확신에 넘쳐 보였습니다. 그는 지평선 너머에 있는 어떤 것을 보려고 애쓰는 듯, 시야를 먼 곳에 고정시키고 당당한 기세로 성큼성큼 걸었습니다.

나는 그게 목표가 뚜렷한 사람의 모습이라고 생각했습니다.

그리고 나는 계속 꿈을 꾸었습니다.

V

믿음의 순교

고향의 이웃인 믿음을 만나 동행하다

사망의 음침한 골짜기를 벗어난 크리스천은 작은 언덕 위로 올라가 눈앞에 펼쳐진 풍경을 바라보았습니다. 그때 어떤 남자가 저 앞에서 부지런히 달려가고 있는 게 보였습니다.

"이봐요!"

크리스천은 두 손을 모아 입에 대고 소리쳤습니다. 그러나 그 사람은 뒤를 돌아보기는커녕 더 빨리 뛰어갔습니다.

만약 그 사람이 크리스천의 여정에서 만났던 사람들 가운데 한 사람이었다면, 쫓아갈 생각을 하지 않았을 것입니다. 그러나 크리스천은 그 남자가 멸망의 도시에 있을 때부터 알고 있던 사람이며, 사망의 음침한 골짜기에서 자기에게 힘을 주었던 사람이 틀림없다고 생각했습니다. 그래서 크리스천은 칼집이 덜렁거리지 않도록 단단히 허벅지에 고정시킨 다음, 재빨리 내달리기 시작했습니다. 전신갑주를 입고 달리다보니 금세 허리가 아팠지만 그는 계속 달렸습니다.

얼마 후, 앞에서 달리던 남자가 속도를 늦추었습니다. 그 남자는 골짜기의 두려움에서 벗어나려고 빨리 달렸던 모양입니다. 이제 마귀의 사정거리에서 완전히 벗어났다는 것을 알게 되자 두려움으로 가득했던 에너지가 서서히 빠져나가 발걸음을 늦추었던 것입니다. 그래서 크리스천과 그 사람의 거리가 곧 좁혀졌습니다.

크리스천은 앞에 있는 그 남자가 고향의 이웃인 믿음Faithful이라는 것을 알았습니다. 크리스천은 갑자기 우쭐한 마음이 들었습니다. 그래서 헐떡이는 숨소리를 들키지 않으려고 가쁜 숨을 꾹 참고 그 남자를 추월했습니다. 하지만 몇 발짝 못 가 가쁜 숨을 내쉬기도 전에 작은 돌부리에 걸려 그만 벌러덩 자빠지고 말았습니다.

"크리스천?"

믿음이 물었습니다.

크리스천은 창피해서 아무 말도 하지 않고 고개만 끄덕였습니다.

"다치지 않았어요?"

믿음이 손을 내밀며 물었습니다.

"고향 친구와 재회하는 방법치고는 썩 좋은 방법은 아니네요."

크리스천이 믿음의 손을 잡으며 말했습니다.

"오랜 친구들에게 그게 무슨 문제가 되겠습니까?"

믿음이 환하게 웃으며 말했습니다.

"사실 당신을 줄곧 찾고 있었습니다."

"저를요?"

"네. 당신이 멸망의 도시를 떠난 직후 저도 당신 뒤를 따랐습니다. 당신이 떠났을 때 처음에는 모든 사람들이 비웃었지만,

산들이 더욱 활활 타오르자 곧 도시가 멸망할 거라고 모두가 말
했습니다."

"그래서 모두 떠났습니까?"

"아니오."

믿음이 말했습니다.

"그들은 눈에 보이는 것도 믿지 않았습니다. 떠난 사람은 저
혼자 뿐입니다."

그 말과 더불어 두 사람 사이에 오랜 침묵이 흘렀습니다. 크
리스천은 다음 질문을 던지기가 두려웠습니다. 믿음도 크리스
천이 다음 질문을 할까봐 은근히 걱정스러웠습니다.

"제 가족들은 아직 그곳에 있습니까?"

"잘 모르겠습니다."

믿음이 대답했습니다.

"제가 도시를 떠날 때 당신 집을 지나갔는데 문은 닫혔지만
불은 켜 있었습니다."

"아무래도 한동안은 가족들 소식을 들을 수 없을 것 같군
요."

크리스천이 한숨을 내쉬며 말했습니다.

"하지만 이렇게 동행할 친구가 생겨 참 좋습니다."

"동감입니다."

믿음이 말했습니다.

"우리 두 사람이 저 골짜기를 함께 빠져나와서 특별히 더 기쁩니다."

두 사람은 골짜기에서 겪었던 일들을 회상하며 몸서리를 쳤습니다.

두 사람은 각자의 여행에 대해 말했습니다. 믿음이 아볼루온을 만나지 않은 것만 빼면(크리스천이 아볼루온과 전투를 끝낸 뒤에 생명의 나무 아래서 위기를 회복하는 동안 믿음이 그의 옆을 지나갔는지도 모릅니다) 두 사람은 거의 동일한 사람들을 만났습니다.

믿음은 음란淫亂, Wanton이라는 여자를 만났다고 하면서, 그녀가 음탕한 짓을 하자고 유혹했다고 말했습니다. 믿음은 모세Moses도 만났는데, 율법에 순종하지 않는다는 이유로 그에게 모질게 매질을 당했다고 말했습니다. 또한 그는 수다쟁이Talkative를 만났는데, 은혜를 진심으로 믿지 않으면서도 믿는 척 가장한 탓에 한동안 기만당했다고 말했습니다. 겸손의 계곡에서 만난 수치羞恥, Shame로부터는 설득을 당해 거의 돌아갈 뻔도 했다고 말했습니다.

믿음이 말하는 동안, 크리스천은 두 사람이 실로 큰 어려움을 겪었다는 것과 그 땅의 주인이 그들을 정말로 선하게 대하셨다는 것을 깨달았습니다. 그들이 돌아가는 게 좋겠다고 생각한 게 한두 번이었습니까? 그러나 그런 생각을 할 때마다 그 땅의 주인께서 은혜를 베푸셔서 그들을 구원했습니다.

"그러니 친구여, 우리의 길을 계속 갑시다."

크리스천이 믿음의 어깨에 손을 얹고 말했습니다. 믿음이 부드럽게 미소를 지었습니다. 두 사람은 계속 앞으로 나아갔습니다.

슬프지만 기쁜 예언

얼마 후에 그들은 허허벌판으로 들어섰습니다. 인적이 뜸한 길에 잡초들이 우거져 그들은 나란히 걸을 수 없었습니다. 그래서 크리스천이 칼로 덤불을 헤치며 앞장을 섰고 믿음이 뒤를 따랐습니다. 그들은 좀처럼 속도를 낼 수가 없어서 해가 뉘엿뉘엿 질 무렵에야 겨우 벌판 끝에 다다랐습니다. 사실 그들은 줄곧 등 뒤를 의식하며 걷고 있었습니다. 가능하면 귀신들의 계곡에서 멀리, 아주 멀리 떨어지고 싶었기 때문이었습니다.

"조금만 더 가면 이 벌판을 벗어날 수 있을 것 같습니다."

크리스천이 밝은 표정으로 말했습니다.

"그리고 저기 멀리 보이는 마을에서 오늘 밤 묵을 방을 구할 수 있을 것 같습니다."

"한시라도 빨리 이 벌판을 벗어나면 좋겠습니다. 사실 저는 우리들 뒤에 있는 것들이 너무 두렵습니다. 그래서 자꾸 뒤를 돌아보고 있는데, 그럴 때마다 덤불이 갈라지면서 그 사이로 뭔가 불쑥 튀어나올 것 같은 느낌이…."

믿음이 말을 하다 멈추었습니다.

"뭐가요?"

크리스천이 물었습니다. 믿음은 대답하지 않았습니다. 대신 크리스천의 어깨를 잡고 돌려 세웠습니다.

"저기요!"

두 사람이 지나온 길을 가리키며 믿음이 두려운 목소리로 소리쳤습니다.

"보이세요?"

크리스천은 덤불을 향해 재빨리 칼을 쳐들었습니다. 오늘 무척이나 고단한 하루를 보냈고, 어젯밤에는 잠도 자지 못해 몹시 피곤했습니다. 그래서 생각했습니다.

'제발 아볼루온이 아니기를….'

"옛 친구를 이런 식으로 대접하기요?"

덤불 사이에서 목소리가 들렸습니다. 크리스천은 누구의 목소리인지 금세 알아차렸습니다. 크리스천은 환하게 웃으며 검을 칼집에 꽂았습니다.

"휴! 복음전도자님?"

크리스천이 안도의 숨을 내쉬며 말했습니다. 복음전도자가 경쾌한 걸음으로 이쪽으로 다가왔습니다. 무성한 덤불이 발에 걸리지 않는 것 같았습니다. 그가 두 팔을 벌리자 크리스천이 달려갔습니다.

"다시 뵙게 되어 반갑습니다."

크리스천이 반갑게 인사를 했습니다.

"사랑하는 친구여! 평안하셨습니까?"

복음전도자가 크리스천에게 화답하고, 믿음에게도 인사했습니다.

"당신도 평안하셨습니까?"

"이렇게 동행하게 되어 기쁩니다."

믿음이 말했습니다.

"내가 가져온 소식이 두 분에게 기쁜 소식이 되었으면 좋겠습니다. 그건 그렇고 우리가 마지막으로 헤어진 이후에 무슨 일들이 있었는지 먼저 말씀해주시지 않겠습니까?"

크리스천과 믿음은 그동안에 정말 많은 일들을 겪었던지라 어디서부터 시작해야 좋을지 몰라 싱긋 웃었습니다.

"십자가가 있는 언덕부터 시작하면 좋을 것 같군요."

복음전도자가 제안했습니다. 그래서 그들은 거기서부터 시작해 그간의 일들을 하나도 빼놓지 않고 다 말했습니다.

"…그래서 그 동안의 고된 시련을 지나, 천성으로 향하는 길에 있는 저 근사한 마을을 바라보면서 지금 이 자리에 오게 된 것입니다."

크리스천이 결론을 맺었습니다.

"두 분 앞에 있는 저 마을이 천성으로 향하는 길에 있다는 것은 명백한 사실입니다."

복음전도자가 깊이 한숨을 쉬며 말했습니다. 크리스천의 눈에 복음전도자의 모습이 슬퍼보였습니다.

"하지만 저 마을은 두 분이 짐작하는 그런 마을이 결코 아닙니다. 두 분은 지금까지 잘 해왔습니다. 앞에 있는 면류관을 바라보고 힘차게 달려왔습니다. 그러나 아직 경주는 끝나지 않았습니다. 누가 뭐라고 하든지 경주가 끝난 게 아니라는 것만은 절대 잊지 마십시오."

"뒤에 있는 고난이 저희들의 달음질을 훼방하지 못했듯이 앞에 있는 고난도 저희들의 앞길을 막지 못할 것입니다."

믿음이 말했습니다.

"부디 그렇게 되기를 소망합니다."

복음전도자가 고개를 끄덕이며 대답습니다.

"두 분 앞에 있는 마을은 '허영의 시장'Vanity Fair이라고 합니다. 그곳은 가까이서 볼 때보다 멀리서 볼 때 더 멋지게 보이는 그림처럼 언뜻 근사하게 보입니다. 그러나 그곳은 살인과 부정과 잔혹과 술수가 만연한 곳이오, 이익이 되는 거라면 남자나 여자나 아이들을 가리지 않고 모든 것을 파는 곳입니다. 그곳은 꿈이 악몽으로 변하는 곳입니다. 그곳에는 선한 게 없습니다."

"그러면 밤이 깊은 후에 신속하게 통과하는 게 좋겠습니다."

크리스천이 제안했습니다.

“매우 유감스러운 일이지만, 두 분이 천성에 이르기 전에 한 분은 다시 볼 수 없을 것 같습니다.”

복음전도자가 고개를 저으며 슬프게 말했습니다.

“그게 무슨 말씀입니까?”

믿음이 물었습니다.

“저희 두 사람이 계속 동행할 텐데, 복음전도자께서 한 사람은 다시 볼 수 없을 거라고 말씀하시다니 무슨 뜻입니까?”

“며칠 후에는 두 분이 더 이상 동행할 수 없을 것입니다.”

크리스천과 믿음은 서로의 얼굴을 바라보았습니다. 세 사람 사이에 길고도 긴 침묵이 흘렀습니다.

“두 분이 저 마을에서 어떤 일을 당하든지 이 땅의 진짜 주인이신 그분을 기억하십시오. 그분의 사랑을 기억하시고 그분께 모든 것을 다 맡기십시오.”

크리스천과 믿음은 몇 걸음 앞으로 나갔습니다. 그리고 그들과 허영의 시장 사이에 펼쳐져 있는 넓은 들판을 말없이 바라보았습니다.

“그런데 만약….”

믿음이 복음전도자를 바라보며 말했습니다. 그러나 그는 이미 사라지고 없었습니다.

“벌써 가셨네요.”

“원할 때에 오시고 또 원할 때에 가시는 분이시니까요.”

크리스천이 가냘픈 미소를 지으며 말했습니다.

“당신 생각은 어떤지 모르겠지만….”

크리스천이 한참 후에 입을 열었습니다.

"아까 복음전도자가 말씀하실 때, 저 마을을 통과하는 대신에 돌아가도 되느냐고 물으려고 했습니다. 하지만 보시다시피 이 길은 저 마을 안으로 곧장 뻗어 있습니다."

크리스천은 옆에 있는 나무들을 올려다보며 주변에서 들려오는 소리에 귀를 기울였습니다. 딱따구리 한 마리가 죽은 나무 등걸을 쪼는 소리가 멀리서 들려왔고, 제비와 콩새와 종달새들의 합창 소리가 가까운 곳에서 들려왔습니다. 하지만 크리스천은 다른 목소리들, 다른 노래들에 대해 생각하고 있었습니다.

'지금쯤이면 제 아내 크리스티아나가 멸망의 도시를….'

크리스천이 믿음에게 뭐라고 물으려다가 그만두었습니다. 갑자기 새들이 조용해졌습니다. 그리고 얼마 동안 적막이 흘렀습니다. 나뭇잎들이 가벼운 바람에 살랑일 뿐 아무 소리도 들리지 않았습니다.

"오늘 밤에는 비가 올 것 같습니다."

크리스천이 말했습니다. 그리고 믿음의 어깨를 툭 치며 "고되지만 옳은 길로 갑시다!"라고 웃으면서 말했습니다.

"고되지만 옳은 길로!"

믿음도 따라서 말했습니다. 그들은 벌판을 벗어나, 허영의 시장으로 향하는 들판을 힘차게 가로질러 갔습니다.

용기를 내어 허영의 시장으로

마을 입구에 들어서자, 그곳에서 일어나고 있는 일들을 짐작하게 하는 소리들이 들렸습니다. 불평하는 소리, 훼방하는 소리, 흥정하는 소리, 욕하는 소리가 너무도 커서 크리스천과 믿음은 대화를 나눌 수가 없었습니다. 두 사람이 어깨를 나란히 하고 들어서자, 노점상인 무리들이 물건을 사라고 그들을 부르기 시작했습니다. 크리스천은 그들 가운데 몇 사람의 목소리가 아볼루온의 목소리와 비슷하다고 생각했습니다.

시장의 물건들은 얼핏 보기에 화려하고 멋있었습니다. 그러나 가까이 가서 보니 보석상의 금은 싸구려 페인트를 칠한 돌이었고, 보석들은 유리에 색을 입힌 것이었습니다. 과일들은 온통 썩었고, 도자기는 토기에 지나지 않았고, 장신구는 아무 짝에도 쓸모없는 쓰레기였고, 곡예사와 광대는 야비한 소매치기였습니다. 상인들은 팔 수 있는 것은 다 팔고 있었습니다. 할 수만 있다면 자기 영혼이라도 꺼내 팔아치울 사람들이었습니다.

크리스천과 믿음은 그냥 지나가려고 발걸음을 재촉했습니

다. 그러나 주변에서 떠들썩한 소동이 벌어져 두 사람이 곧 군
중들 가운데 놓이게 되었습니다. 크리스천과 믿음의 옷은 이 마
을 사람들의 누더기 의상과 많이 달랐고, 말씨도 훨씬 더 온유
하고 부드러웠습니다. 그래서 어른은 물론 어린애들까지 깔깔
대며 손가락질하기 시작했습니다. 설령 그랬다고 해도, 두 사람
이 아무 것도 사지 않았다는 것을 상인들이 눈치 채지 못했다면
그들은 무사히 빠져나왔을 것입니다.

"무엇을 살 것이오?"

상인 한 사람이 그들에게 물었습니다.

"이 예쁜 노리개 좀 보세요!"

한 여인이 연지곤지를 떡칠해 붉어진 볼에다 커다란 귀걸이
를 흔들어대며 말했습니다.

"선생님, 이 서류가 있어야 천성에 들어갈 수 있습니다."

한 남자가 크리스천이 품에 간직한 것과 비슷하게 생긴 두
루마리를 얼굴 높이 치켜들고 말했습니다.

그리고 마침내 떡 벌어진 어깨에 건장한 체격을 한 상인 하
나가 두 순례자의 길을 가로 막았습니다. 그러자 마을 사람들도
두 사람을 포위했습니다.

"무엇을 살 것이오?"

“무엇을 살 것이오?”

그가 뭉툭한 손가락으로 두 사람을 가리키며 강요하듯 물었습니다.

“진리를 사고 싶습니다.”

크리스천이 부드러운 어조로 대답했습니다.

“그 따위 것은 갖고 있지 않소. 그러나 이 세상에 있는 것은 뭐든지 여기서 살 수 있소. 그래, 무엇을 살 것이오?”

“우리는 진리를 원합니다.”

이번에는 믿음이 대답했습니다.

억울하게 철창에 갇히다

마을 사람 몇몇은 순례자들의 생소한 대답에 코웃음을 치는 것으로 끝났지만 일부 상인들은 분노했습니다. 그리고 그들의 분노가 곧 다른 사람들에게 전염되었습니다. 그러자 모든 사람들이 갑자기 폭도로 돌변해 크리스천과 믿음을 공격하려 했습니다. 만약 이때 그 도시의 시장이 병사들을 보내 두 순례자를 체포하지 않았다면, 흥분한 마을 사람들이 보도블록을 깨트려 두 순례자에게 던졌을 것입니다.

군중들은 병사들을 따라 시청으로 비집고 들어와, 크리스천과 믿음이 심문을 받는 동안 웅성거리며 지켜보았습니다. 땅딸막한 시장은 연노랑 정장을 입고 있었습니다. 그는 금을 입힌 의자에 파묻히듯 깊이 앉아, 통통한 손가락에 묻은 기름기를 쪽쪽 빨며 점심을 먹고 있었습니다.

"그대들은 누구시오?"

"저희들은 천성으로 가는 순례자입니다."

"가는 곳마다 소동을 일으키는 게 그대들의 특기요?"

"그렇지 않습니다."

크리스천이 대답했습니다.

"그런데도 그대들이 여기에서 소란을 일으킨 이유가 무엇이오?"

그러자 상인들이 합세하여 두 순례자가 소란을 피웠다고 불평했습니다.

"저들은 우리들의 물건을 사려고 하지 않았습니다!"

상인 한 사람이 큰 소리로 비난했습니다.

그 말을 듣자 시장이 등을 곧추 세우고 똑바로 앉았습니다. 시장은 그렇게 앉는 법이 없는데 무척이나 놀랐던 모양입니다.

"정말로 물건 사기를 거부했소?"

시장이 정색을 하고 물었습니다.

"그렇습니다."

"아무 것도 사지 않았단 말이오?"

"저희는 진리 이외에 아무 것도 사고 싶지 않습니다."

"진리라는 게 대체 무엇이오?"

시장은 이렇게 물었지만 대답을 들으려고 한 것은 아니었습니다. 시장은 옆에 있던 병사에게 귓속말로 명령을 내리고는 벌떡 일어나 공식적인 입장을 밝혔습니다.

"우리는 이 두 사람이 미치광이에 지나지 않는다는 결론을 내렸습니다. 일단 어떻게 처리할지 결정을 내릴 때까지, 그들도 보호하고 우리도 즐겁도록 큰 우리에 가두어 마을 광장에 내놓을 것을 명하는 바입니다."

이에 병사들이 크리스천의 갑옷과 검을 압수했습니다. 그리고 크리스천과 믿음 두 사람을 커다란 철창에 가두었습니다. 두 순례자는 그렇게 사흘 동안 광장에 버려졌습니다. 사람들이 지나가며 비웃었고, 침을 뱉었고, 썩은 채소를 던졌고, 두 순례자를 가장 혐오하는 사람을 선발하는 시합까지 벌였습니다.

그러나 크리스천과 믿음은 그 모든 모욕을 침묵으로 감내했고 조용히 서로를 격려했습니다.

사람들이 깔깔거리며 웃을 때, 그들은 찬양을 했습니다. 물건 사기를 거부한 까닭이 무엇이냐고 물어오면 "마을의 물건들이 아볼루온과 그 부하들에게 속해 있기 때문이다"라고 대답했습니다. 시장 사람들이 분노하며 위협했을 때에도 자신들의 목숨이 그 땅의 진정한 주인의 손에 놓여 있다고 대답했습니다.

허영의 시장 사람들 가운데는 두 순례자의 말에 감동을 받아, 죄없는 크리스천과 믿음을 즉시 석방하여 가던 길을 가도록 하는 것이 마땅하다고 생각하는 사람들도 있었습니다. 그리고 그런 생각을 가진 사람들 중에 한 사람이 광장에 서서 크게 외쳤습니다.

"이 시장에서 거래를 하는 우리들 가운데 이들보다도 더 철창에 갇혀야 마땅한 사람들이 많습니다!"

이에 상인들이 얼굴을 잔뜩 찌푸리고 모여들었습니다.

"우리들의 물건이 살만한 물건이 못된다는 뜻이오?"

그 중의 한 사람이 물었습니다.

“적어도 정직한 사람이라면 절대 구입하지 않을 것입니다.”

“이런 악당 같은 놈을 봤나!”

“여기 도둑놈이 또 있다!”

“이 사기꾼 놈을 잡아라!”

분노한 상인들이 소리쳤습니다.

그러자 다시 소동이 일어났습니다. 이번에는 크리스천과 믿음이 갇혀 있는 철창 바로 앞에서 벌어졌습니다. 병사들이 다시 출동해 두 죄수를 시장에게 데려갔습니다.

그들은 시장의 집 앞에서 한참을 기다려야 했습니다. 해가 중천에 떴지만 아직도 시장은 꿈속을 헤매고 있었습니다.

마침내 시장이 나타났습니다. 잠이 덜 깬 시장은 부스스한 얼굴에 벌겋게 충혈된 눈으로 연신 하품을 해댔습니다.

“이번에도 미치광이 친구들이신가? 한 번의 소동으로 만족할 수 없어 또 소동을 일으킨 것인가?”

크리스천과 믿음은 아무 대답도 하지 않았습니다.

“철창에 갇혀서도 말썽을 일으키다니 대체 그대들을 어떻게 처리하면 좋단 말인가?”

크리스천과 믿음은 이번에도 대꾸하지 않았습니다.

억울한 재판

두 순례자 때문에 아침도 못먹고 나온 시장은 화가 치밀었습니다.

"철창 속에서도 잠잠하지 않는다면 무덤 속에서는 과연 어떨지 확인할 것이다. 이 놈들을 재판에 회부하라!"

이에 병사들이 달려들어 두 죄수의 손발을 사슬로 결박했습니다. 두 순례자는 사슬을 질질 끌며 법정으로 끌려갔습니다. 죄수들이 법정에 도착하기도 전에 상인들이 몰려와 법정을 가득 채웠습니다. 그래서 두 순례자를 지지하는 사람들은 들어갈 수 없었습니다. 마침내 시장이 입장하여 흰색의 큰 가발을 꾹 눌러 썼습니다. 가발이 비스듬히 기울었지만 흥분한 시장은 매만질 생각도 하지 않았습니다. 시장 바로 앞에는 크리스천과 믿음이 사슬에 묶인 채 앉았습니다. 그러나 그는 두 죄수를 쳐다보려고 하지 않았습니다.

"선을 증오해Lord Hate-Good 검사님!"

시장이 검사를 바라보면서 천천히 말했습니다.

"이 사건을 심리하기 전에 우리가 아직 아침을 먹지 못했다는 사실을 기억해주시기 바랍니다. 재판 절차를 간소화하는 것

시장과 선을 증오해 검사 The Burgomeister & Lord Hate-Good

이 어떻습니까?"

"뜻대로 하십시오. 존경하는 시장님."

호리호리한 체격에 검은색 정장을 입은 선을 증오해 검사가 대답했습니다. 그의 눈은 소경의 눈처럼 완전히 감긴 듯 보였습니다. 그는 기다란 손가락을 앞으로 내밀어 깍지를 꼈다 풀었다를 반복했습니다.

"첫 번째 증인을 부르시오."

시장이 검사에게 말했습니다.

"질투嫉妬, Envy를 증인으로 신청합니다."

질투가 게걸음으로 증언대 위에 올라왔습니다.

"증인은 이 죄수들을 알고 있습니까?"

선을 증오해 검사가 물었습니다.

"오래 전부터 알고 있었습니다. 특히 저 믿음이라는 자는 잘 압니다."

"증인은 이 죄수들이 허영의 시장의 적이라고 생각합니까?"

"네. 이들은 우리들의 무서운 적입니다."

"그렇게 말씀할만한 타당한 이유가 있을 텐데요?"

선을 증오해 검사가 두 순례자를 흘겨보며 물었습니다.

"검사님, 저 믿음이라는 자는 젊었을 때부터 우리 마을의 종교를 공공연히 비난해 왔고 아볼루온과 그의 주인을 증오한다고 말했습니다."

"그 밖에 다른 이유도 있습니까?"

선을 증오해 검사가 고개를 저으며 물었습니다.

"물론 많습니다만….."

질투가 대답했습니다.

"재판이 길어지는 것을 원치 않으므로 더 이상의 증언은 생략하겠습니다. 하지만 이 자들이 시장 거리에서 소동을 일으켜 갇혀 있으면서도 잘못을 뉘우치기는커녕 줄곧 요상한 노래를 불러댔습니다. 그 사실 하나만으로 충분히 유죄가 증명되는 것 아닙니까?"

모든 상인들이 질투의 발언에 동조한다는 의미로 고개를 끄덕였습니다. 질투가 증언대에서 내려왔습니다.

선을 증오해 검사는 두 번째 증인으로 미신迷信, Superstition을 소환했습니다. 미신은 허리가 완전히 굽어 곁눈질만 할 수 있는 꼬부랑 노인이었습니다.

"증인은 이 죄수들을 알고 있습니까?"

선을 증오해 검사가 물었습니다.

"저들을 모를 뿐 아니라 알고 싶지도 않습니다. 그렇지만, 이 믿음이라는 자는 해로운 놈입니다. 한 번은 저 놈이, 아볼루온을 따르고자 하는 우리들의 욕망과 그 분을 기쁘게 하고자 하는 우리들의 강렬한 욕구가 기이하고도 사악한 것이라고 말하는 것을 들었습니다."

"인정하는가?"

시장이 믿음에게 물었습니다.

"부정하지 않겠습니다."

"네 입으로 시인했으니 유죄를 면치 못할 것이다!"

시장이 발끈하며 말했습니다.

"존경하는 시장님!"

선을 증오해 검사가 시장에게 공손히 고개 숙이며 말했습니다.

"판결을 내리시기 전에 증인 한 명을 더 소환하게 해주십시오."

"신속하게 하시오."

“감사합니다. 시장님. 배은망덕背恩忘德, Ingratitude을 증인으로 소환합니다.”

배은망덕은 숱 많은 검은 곱슬머리에 탐욕으로 가득한 젊은 이였습니다. 그는 몸에 뿌린 역겨운 향수냄새가 만들어 내는 구름 위로 코를 올려놓으려고 애쓰는 것처럼, 언제나 고개를 치켜들고 코는 하늘로 향하고 다녔습니다. 그는 자기보다 가난한 사람들과는 말을 섞지 않았습니다. 그래서 그는 오직 시장하고만 이야기를 했습니다.

“존경하는 시장님! 저 두 죄수들, 특히 믿음이라는 자가 우리의 주인이신 아볼루온을 대적하는 말을 했다는 것은 모두가 익히 알고 있는 있습니다. 저는 거기에 덧붙여 저 놈의 오만불손함을 고발하고 싶습니다. 믿음이라고 하는 저 놈이 자기의 생명은 시장님의 손에 달려 있지 않다고 주장하는 것을 들었습니다. 저 놈은 시장님의 힘을 인정하지 않습니다.”

시장은 화가 치밀어 입술을 부들부들 떨었습니다. 시장은 믿음을 향해 치를 떨며 말했습니다.

“온 세상이 우리가 너를 너그럽게 대했다는 것을 알도록 판결을 내리기 전에 마지막으로 변론할 기회를 주겠다.”

"제가 어떤 말을 한들 그것이 당신에게 무슨 의미가 있겠습니까? 주님께서 제 영혼에 자비를 베풀어주시기를 기도할 뿐입니다."

믿음이 대답했습니다.

"오, 임마누엘이여! 그에게 자비를 베푸소서. 우리는 자비를 베풀 생각이 눈곱만큼도 없나이다!"

시장이 코웃음을 치며 비꼬았습니다.

"이제 재판 절차상, 배심원들의 의견을 듣겠습니다."

시장이 배심원들을 보며 말했습니다.

"배심원들은 저 믿음이라는 죄수에 대해 어떻게 생각하십니까?"

"저 놈의 외모가 마음에 들지 않습니다. 당장 처형하십시오."

악의惡意, Malice가 말했습니다.

"동의합니다. 당장 처형하십시오."

방탕放蕩, Live-Loose이 맞장구를 쳤습니다.

"놈을 살려두면 계속 제 삶의 방식을 비난할 겁니다."

자만自滿, Highmind은 믿음을 가리켜 가련한 잡종이라고 했습니다. 잔혹殘酷, Cruelty은 믿음을 교수형에 처하는 것도 지나친 은덕을 베푸는 것이라고 말했습니다. 배심원장인 눈먼 자Blindman는 믿음이 유죄라고 결론지으며 "이 믿음이라는 자에게 중벌을 내려주실 것을 청합니다!"라고 말했습니다. 배심원장의 청원에 모든 상인들이 환호하자, 시장이 한 손을 높이 들어 정숙을 요청했습니다. 그리고 벌떡 일어나 말했습니다.

"배심원들의 의견을 존중하여 죄수 믿음을 즉각적이고 신속하게 처형할 것을 명합니다."

믿음의 순교와 탈출

병사들이 달려들어 의자에 묶여 있던 믿음의 결박을 풀더니 광장으로 끌고 나갔습니다. 군중들은 조롱하고 콧노래를 흥얼거리며 따라갔습니다. 그들은 처형에 온 관심이 쏠려, 법정 의자에 묶여 있는 크리스천은 신경도 쓰지 않았습니다. 법정이 너무 소란스러운 탓에 크리스천은 믿음에게 아무 말도 할 수가 없었습니다. 크리스천은 의자를 질질 끌고 광장이 내다보이는 창문으로 다가갔습니다. 하지만 창문이 너무 높아 하늘만 보였습니다.

그런데 갑자기 하늘이 먹구름으로 뒤덮였습니다. 광장으로 나온 군중들이 함성을 질렀습니다. 그리고 어느 순간에 그 함성이 차가운 침묵으로 변했습니다. 그렇게 1,2분이 흘렀습니다. 군중들은 어느 때보다 더 크게 소리를 질렀습니다.

크리스천은 슬피 흐느꼈습니다. 그런데 그때, 크리스천은 눈물에 가려 확실히 볼 수는 없었지만 엄청나게 밝은 빛이 창문 가득 채우는 것을 느꼈습니다. 아름다운 날개가 달린 두 마리의 말이 끄는 불의 전차가 구름 속에서 나와 광장 쪽으로 내려가는 것이 보였습니다. 그리고 불의 전차가 다시 떠올랐을 때, 그 안에 믿음이 타고 있는 것을 보았습니다. 믿음이 달라 보였습니다. 빛의 옷을 입은 것 같았습니다. 말들은 기쁨의 나팔에 맞춰 힘차게 구름을 밟고 하늘로 올라갔습니다. 동시에 먹구름이 갈라지고 그 사이로 전차가 사라졌습니다.

그때 갑자기 법정의 문이 열렸습니다. 크리스천은 군중들일 거라고 생각하며 뒤를 돌아보았습니다. 그러나 거기엔 철창에 갇혀 있는 동안에 그들을 보호하려고 애썼던 청년 한 사람이 서 있었습니다. 그는 한쪽 옆구리에 불룩한 자루 하나를 끼고 있었습니다. 그가 급히 달려와 크리스천의 결박을 풀어 일으켰습

니다.

"서두르세요."

그가 속삭였습니다.

"당신을 돕고자 하는 사람들도 더러 있지만, 당신 친구를 죽인 것처럼 당신을 없애고 싶어 안달이 난 상인들이 너무 많습니다. 지체할 수가 없어요."

"믿음은 죽지 않았어요."

크리스천이 말했습니다.

"알고 있습니다."

청년이 대답했습니다.

"저는 소망Hopeful이라고 합니다. 당신의 천성 여정에 동행하고 싶습니다. 여기 당신의 갑옷과 칼입니다."

소망이 자루를 건네며 말했습니다. 크리스천은 밝게 웃어보였습니다. 크리스천은 다리를 꽁꽁 묶었던 밧줄 때문에 발목의 통증이 심해 소망의 부축을 받으며 허영의 시장을 빠져나왔습니다.

소망 Hopeful

나는 두 사람이 작은 언덕을 오르며 허영의 시장을 급히 벗어나는 것을 꿈에서 보았습니다. 허영의 시장 사람들 중 몇몇은 크리스천과 소망의 뒤를 따라 떠날 채비를 했지만, 대부분은 익숙한 일상으로 돌아갔습니다.

내가 마을 사람들을 마지막으로 보았을 때, 마을 바깥에서 전령한 사람을 쫓아가고 있었습니다. 전령은 사람들에게 아볼루온이 전투에서 패배했으므로 더 이상 믿으면 안 된다고 말했습니다.

소망이 옆에 있었지만 크리스천은 믿음의 자리를 그리워하는 것 같았습니다. 크리스천은 불의 전차가 나타나기를 기대하는 듯 가끔 하늘을 바라보았습니다. 그러나 크리스천은 그 땅의 주인께서 믿음 대신에 젊은 동행자를 주셨다는 것을 잘 알고 있었습니다. 그래서 그는 기뻐했습니다. 더구나 두 사람은 점점 천성에 가까워지고 있었습니다.

VI

의심의 성

신사의 정체

그들 앞에는 참되고 곧은길이 뻗어 있었습니다. 재판으로 오후 시간을 허비한 터라 크리스천과 소망은 최대한 빨리 걸었습니다. 그렇게 세 시간 정도를 걷고 나니 피곤이 몰려왔습니다. 두 순례자는 가지를 넓게 펼치고 있는 참나무 아래 앉아 차갑게 식은 저녁을 먹었습니다. 소망이 허영의 시장을 떠나기 전에 급히 준비한 음식이었습니다.

두 순례자가 저녁을 먹을 때, 어떤 사람이 길을 따라 그들에게 왔습니다.

"안녕하십니까?"

낯선 사람이 인사했습니다.

"안녕하십니까?"

두 순례자도 인사했습니다.

"괜찮으시면 같이 드시지요?"

"호의에 감사드립니다."

그 남자가 대답했습니다. 그는 순례자들 옆에 앉았습니다. 그는 밝게 웃는 표정의 옷도 잘 차려입은 신사였습니다.

"당신의 이름은 무엇입니까?"

크리스천이 물었습니다.

"두 분은 제게 낯설고 저 또한 두 분에게 그럴 것입니다. 하지만 두 분께서 이 길을 가는 중이라면 감히 동행을 청하고 싶습니다. 아쉽게도 두 분께서 이 길을 가는 중이 아니라면 저 혼자 가야겠지만 말입니다."

그 사람은 크리스천의 질문에 대답하기를 의도적으로 회피

하는 것 같았습니다.

"훌륭한 신사처럼 보이는데 함께 갈까요?"

소망이 크리스천에게 귓속말로 속삭였습니다.

"좀 더 두고 봅시다."

크리스천이 대답했습니다.

"저는 이 길을 걸으며 많은 사람들을 만났습니다. 그 중에는 꽤 괜찮은 신사처럼 굴다가 나중에 이상하게 돌변해 엉뚱한 말을 하는 이들이 적지 않았습니다."

"그런데 당신은 이 근처 출신입니까?"

크리스천이 낯선 사내를 보며 물었습니다.

"아니요. 저는 '감언이설'甘言利說, Fair-Speech이라는 도시에서 왔습니다. 제 친척들은 그곳에서 오랫동안 살았습니다. 혹시 잔머리Smoothman, 일구이언一口二言, Two-Tongues, 양다리Facing-Both-Ways라는 이름을 들어보셨는지 모르겠습니다."

"네, 들어본 것 같습니다."

크리스천이 대답했습니다.

"그렇다면 '바람과 조류에 역행하려고 애쓰지 말라!'는 저희들의 좌우명에 대해서도 들어보셨겠습니다."

“그게 무슨 의미입니까?”

소망이 물었습니다.

“다른 사람들과 잘 지내기 위해 언제나 노력해야 한다, 모나게 굴지 말아야 한다, 뭐 그런 뜻입니다.”

“다른 사람들이 틀렸을 때는 어떻게 합니까?”

소망이 물었습니다.

“모든 문제에는 언제나 양면성이 있다는 것을 명심하는 게 중요합니다. 완벽하게 옳은 사람이 없는 것처럼 완벽하게 그릇된 사람도 없는 법이니까요.”

“아, 이제야 당신이 누구인지 알 것 같습니다.”

크리스천이 말했습니다.

“다수의 사람들이 수용하려 하지 않는 의견이나 신념은 결코 받아들이려 하지 않는다는 그 이기심利己心, By-ends이란 분 맞지요?”

“그건 저한테 악의를 품고 있는 사람들이 붙여준 이름이지 제가 좋아하는 이름은 아닙니다.”

“제가 보기엔 그 이름이 당신에게 딱 어울리는 것 같은데요.”

이기심 By-ends

"그렇게 부르길 원하신다면 억지로 말릴 수는 없지만….."

이기심이 대답했습니다.

"저희들과 동행하기를 진정으로 원하시면 바람과 조류에 역행해야 합니다. 그리고…."

"하지만 아무래도 저는 좀….."

이기심이 크리스천의 말을 가로채며 말하다가 말끝을 흐렸습니다.

"천성에 가려면 고되지만 옳은 길을 택해야 합니다."

크리스천이 단호하게 말했습니다. 그 말에 이기심이 한 발짝 뒤로 물러났습니다.

"아무래도 두 분과 동행하면 두 분께서 제게 일체의 융통성도 허락하지 않을 것 같습니다. 그러니 먼저 떠나십시오. 저는 대화가 통하는 다른 길동무들을 기다리겠습니다."

이기심은 이렇게 말하고 뒤로 멀찍이 물러나 길 옆에 털썩 주저 앉았습니다.

재물 노인의 유혹

크리스천과 소망은 저녁을 다 먹고 다시 길을 떠났습니다.

어둠이 내려앉으려면 아직 두 세 시간은 정도 남아서 두 순례자는 조금이라도 천성에 가까이 가려고 발걸음을 더욱 재촉했습니다. 두 순례자는 그 길의 모퉁이에 이르러, 이기심이 따라오는지 보려고 뒤를 돌아다보았습니다. 그러나 이기심은 순례자들을 따라오는 대신에 세 명의 새로운 길동무들을 만나 허리를 숙여 정중히 인사를 나누고 있었습니다.

소망은 그들이 누구인지 금세 알아보았습니다. 허영의 시장에서 온 돈 사랑Moneylove, 이익 사랑Lovegain, 탐냄Coveting이었습니다. 그들 네 사람은 환한 표정으로 서로의 어깨를 토닥이며 격려했습니다. 이기심은 두 순례자가 있는 곳을 가리키며 새로 만난 친구들에게 뭐라고 말했습니다. 그러자 그들이 깔깔 웃었습니다. 그들은 두 순례자가 서 있는 곳을 힐끗 보더니 길을 따라 걸어오기 시작했습니다. 그들은 두 순례자를 따라 잡으려는 듯 속도를 내며 쫓아왔습니다. 크리스천과 소망은 그들과의 거리를 더 벌리려고 애쓰면서 부지런히 걸었습니다.

그들은 두 순례자의 발걸음을 따라오지 못했습니다. 두 순례자는 '쉬움'Ease이라 부르는 좁은 평원을 건너갔습니다. 그리고 태양 빛이 어스름할 무렵에 작은 언덕에 이르렀습니다. 두

재물 Lucre

순례자가 언덕 아래 이르자, 재물財物, Lucre이라는 노인이 등을 활처럼 구부리고 서 있었습니다.

"두 분은 오늘 운수대통입니다 그려."

노인이 쾌활하게 웃으며 말했습니다.

"방금 저 언덕에서 은광銀鑛을 발견했거든. 같이 가서 파봅시다. 조금만 파면 엄청난 갑부가 될 거요."

"가보죠!"

소망이 곧은길에서 한 발짝 벗어나며 말했습니다.

"안 돼요!"

크리스천이 소망을 잡아끌며 소리쳤습니다.

"무슨 일이 있어도 이 길에서 벗어나면 안 됩니다."

"무슨 엉뚱한 소리요?"

재물이 크리스천을 나무라는 듯이 말했습니다.

"아무래도 위험한 곳인 것 같습니다."

크리스천이 언덕 위쪽에 있는 광산 입구를 바라보며 소망에게 말했습니다.

"절대 그렇지 않아요. 부주의한 사람들한테나 위험하지."

재물이 말했습니다.

"저희는 부주의한 사람이 되지 않겠습니다."

크리스천은 이렇게 말하고, 소망의 손을 끌어 발걸음을 재촉했습니다.

두 순례자는, 이기심과 그의 세 친구들이 재물의 유혹으로 주저 없이 길에서 벗어날지도 모른다고 짐작했지만 그들이 정말로 그랬다는 것은 몰랐습니다. 이기심과 친구들은 재물 노인을 따라 광산 입구에 올라가 아래를 내려다보았습니다. 그런데 갑자기 땅이 힘없이 꺼지면서 바닥으로 곤두박질치고 말았습니다. 이후로 그들의 모습을 볼 수 없었습니다.

롯의 아내 동상

크리스천과 소망은 위풍당당하게 걸었습니다. 아마도 재물 노인의 유혹을 뿌리친 것이 무척이나 자랑스러웠던 모양입니다. 그러나 흰 돌로 만든 동상 하나가 그들 앞에 불쑥 나타나 급히 멈추게 되었습니다. 뒤를 돌아보는 여인의 동상이었습니다.

"동상에 새겨진 글이 좀 닳은 것 같은데 읽을 수 있습니까?"

소망이 물었습니다.

"롯의 아내를 기억하라!"

크리스천이 또박또박 읽었습니다. 그리고 잠시 생각에 잠겼다가 다시 말했습니다.

"이 여인은 한 번의 유혹을 피했지만 다음 유혹에 넘어지고 말았습니다."

"이 땅의 주인께서 경고의 표시로 세우신 게 아닐까요?"

소망이 물었습니다.

"그렇다면 실로 두려운 경고가 아닐 수 없습니다."

크리스천이 대답했습니다.

"경계를 게을리 하지 맙시다!"

그들은 길을 계속 가다가 석양에 금빛으로 반짝이는 강에 이르렀습니다. 무릎을 꿇고 두 손을 잔처럼 동그랗게 만들어 그 물을 마셨습니다. 단 한 모금 마셨을 뿐인데도 그들의 배가 불렀고, 영혼에 생기가 넘쳤습니다. 임마누엘의 땅에서 흘러나오는 강이었기 때문입니다. 강둑에는 멸망의 도시에서 보았던 것보다 훨씬 큰 복숭아와 배들이 가지마다 주렁주렁 달려 있었습니다. 크리스천과 소망은 그 열매들을 따서 먹었습니다. 그리고 눈부시게 하얀 백합들이 핀 풀밭에 앉았습니다. 순백색 백합의 향이 미풍에 실려 날아왔습니다.

태양이 지자 꽃들은 황금색으로 변했습니다. 크리스천과 소망은 그곳에 앉아 잠을 청했습니다. 크리스천은 아름다운 궁전을 떠난 이후 처음으로 안전한 곳에서 편안히 잠들었습니다. 두 순례자는 잠에서 깨어 나무의 열매를 따 먹고 강물을 마신 다음 또 잠이 들었습니다. 그렇게 사흘 낮과 밤을 지내고나니 그들은 충분히 원기를 회복했고 강해졌습니다. 목적지까지 한걸음에 달려갈 수 있을 것만 같았습니다. 그러나 그 사흘 동안 롯의 아내의 동상이 주는 경고를 까맣게 잊고 말았습니다.

그들은 넷째 날 아침에 다시 길을 떠났습니다. 길을 따라 강이 흐르고 있어서, 길에 먼지가 많으면 멈춰 서서 강물을 마시곤 했습니다. 그러나 정오쯤, 두 순례자는 길과 강이 갈라지는 지점을 만났습니다. 그때부터 길은 점점 거칠어졌고 날카로운 돌들이 곳곳에 솟아 있었습니다. 크리스천과 소망은 뒤에 두고 온 안락한 풀밭을 떠올렸습니다. 그러자 오히려 사기가 꺾였습니다. 더욱이 길을 따라 서 있는 높은 벽은 모든 것을 태울 듯이 내리쪼이는 햇볕을 따갑게 반사했습니다. 두 순례자는 기진맥진할 정도로 지쳤습니다.

아담한 풀밭의 유혹

그들이 쓰러지기 일보 직전이 되었을 때, 갑자기 벽이 끊어지더니 울타리가 쳐진 아담한 풀밭이 눈앞에 펼쳐졌습니다. 뒤에 두고 온 풀밭과 너무 흡사했습니다. 그래서 두 순례자는 급히 울타리로 뛰어갔습니다. 그러나 거기엔 백합 같은 것은 없었습니다. 아니, 풀밭에 있는 모든 꽃들이 이상하게도 제 색깔을 내고 있지 않았습니다. 붉은 장미는 너무나 붉어서 차라리 검게 보였고, 노란 장미는 화려하다 못해 날카롭게 보였습니다. 하지만 크리스천은 알아차리지 못했습니다.

"이 풀밭이 곧은길을 따라 나란히 펼쳐져 있는 것 같아요."

크리스천이 잔뜩 흥분해서 소리쳤습니다.

"어서 저쪽으로 넘어갑시다. 저 길로 걸으면 훨씬 수월할 거예요."

"하지만 무슨 일이 있어도 이 길에서 벗어나면 안 된다고 하셨잖아요."

소망이 신중한 자세로 말했습니다.

"괜찮아요. 보세요. 길이 저 앞쪽에서 굽어 있으니까 이 풀밭으로 가다보면 다시 만나게 될 겁니다."

크리스천은 소망의 대답을 기다리지도 않고 울타리를 훌쩍 뛰어넘어 곧은길에서 벗어났습니다. 소망은 머뭇거리다가 크리스천의 뒤를 따랐습니다.

소망은 내심 찜찜했지만 크리스천의 말대로 풀밭으로 걸으니 훨씬 수월했습니다. 그리고 풀밭에서 헛된 자만Vain-Confidence이라는 다른 여행자를 만나고 나니 그의 걱정은 완전히 사라졌습니다.

"어디로 가십니까?"

크리스천이 물었습니다.

"천성 문을 향해 가고 있습니다."

헛된 자만이 대답했습니다.

"자, 이제 안심할 수 있죠?"

크리스천이 뒤에 있는 소망을 바라보며 말했습니다. 그들은 계속 걷다가 밤이 깊어 머물 곳을 찾았습니다. 그런데 갑자기 땅이 질척거리기 시작했습니다. 곧은길 위에 있는 나무들은 푸르름을 뽐내며 서 있었지만, 곧은길을 벗어난 풀밭 근처에 있는 나무들은 생기를 잃고 죽더니 독 덩굴이 나무들을 덮기 시작했습니다. 날이 점점 어두워졌지만, 헛된 자만은 발걸음을 늦추지

"곧은길을 벗어난 풀밭 근처의
나무들은 생기를 잃고 죽어갔
습니다."

않고 나아가 곧 두 순례자를 앞섰습니다. 두 순례자가 그를 불렀지만, 아무 대답도 들리지 않았습니다.

"생각보다 더 멀리 가버린 모양입니다."

크리스천이 말했습니다. 그러나 정말 그런 것이라고 믿지는 않았습니다. 그러기는 소망도 마찬가지였습니다.

"아무래도 그만 가는 게 좋겠습니다."

소망의 말에 크리스천도 동의했습니다. 날이 너무 어두웠기 때문입니다.

"아, 이 풀밭으로 걸으면 곧은길에서 벗어나게 된다는 것을 왜 몰랐을까요?"

크리스천이 자책하며 말했습니다. 소망은 아무 대답도 하지 않았습니다. 그들은 길을 벗어나지 말았어야 했다는 것을 알고 있었습니다.

그들은 한동안 걸었습니다. 그러다가 아까 지나왔던 말라 죽은 나무가 다시 앞에 나타난 것을 보고, 자기들이 같은 길을 뱅뱅 돌고 있다는 것을 깨달았습니다.

"죄송합니다. 제가 당신을 곧은길에서 벗어나게 했습니다."

크리스천이 실수를 인정하며 말했습니다.

“너무 자책하지 마십시오.”

소망이 말했습니다.

“이 모든 게 결국은 우리들의 유익을 위함이 아니겠습니까?”

그러나 소망의 말을 비웃기라도 하듯 갑자기 하늘이 열렸습니다. 그리고 천둥이 치면서 비가 퍼붓기 시작했습니다. 안 그래도 질척하던 땅이 곧 물에 잠겼습니다. 어둠이 너무 깊어서 그들은 곧은길로 돌아갈 수 있으리라는 희망을 잃고 말았습니다. 그래서 그들은 번개가 치면 혹시 비를 피할 곳을 비춰줄지도 모른다고 생각하며 우물쭈물 풀밭을 헤맸습니다. 그러나 번쩍 번개가 쳐도 쉴만한 곳은 보이지 않았습니다. 하는 수 없이 참나무 밑에 쪼그리고 앉아 날이 새기를 기다렸습니다.

마침내 날이 밝아 비가 그쳤습니다. 그러나 두 순례자는 너무 피곤해 깊이 잠들고 말았습니다.

절망 거인

그것이 실수였습니다. 만약에 날이 밝자마자 길을 나섰다면, 곧은길을 찾았을 것입니다. 아마도 누군가를 만나기 전에 간발의 차이로 곧은길에 들어섰을 것입니다. 그러나 그들은 깊은 잠에 빠졌습니다. 그래서 쿵쿵거리는 거인의 발소리를 듣지 못했습니다. 거인은 두 순례자를 보자 몸을 굽혀 목덜미를 움켜쥐었습니다.

"뭐하는 놈들이냐?"

거인이 으스스한 목소리로 물었습니다.

"우리는 천성으로 가는 순례자들인데…."

크리스천이 벌벌 떨며 대답했습니다.

"길을 잃고 말았습니다."

"길을 잃었다고?"

거인이 흉측하게 웃으면서 말했습니다.

"나는 절망 거인Giant Despair님이시다. 네놈들은 무엄하게도 내 땅을 침범해 짓밟았다. 이제 그 대가를 치르게 될 것이다."

거인은 두 순례자를 자기 집으로 끌고 갔습니다. '의심의 성'Doubting Castle이라 불리는 곳이었습니다.

의심의 성은 엄청나게 높고 또 무척 컴컴했습니다. 성벽은 어른 스무 명이 어깨를 나란히 해도 감싸지 못할 만큼 두터웠습니다. 망루에는 깃발도 펄럭이지 않았고 성벽에는 기치旗幟도 걸려 있지 않았습니다. 성을 다 둘러보아도 창문 하나 없었습니다.

절망 거인은 소망과 크리스천을 성의 가장 깊숙한 곳으로 끌고 내려가 지하 감옥에 던진 다음, 육중한 쇠문을 철컥 잠갔습니다.

거인은 크리스천의 갑옷과 검을 감옥 바깥의 벽에 내팽개치면서, "이런 장난감으로 뭘 해보겠다는 거지?"라고 비웃었습니다.

지하 감옥에는 빛이 없었습니다. 그래서 두 순례자는 방의 크기를 짐작할 수 없었습니다. 다만 그곳이 오싹한 곳임은 알 수 있었습니다. 그들은 주변에서 무언가가 허둥지둥 달아나는 발소리를 들었습니다. 캄캄한 암흑 저쪽에서 정체를 알 수 없는 눈동자들이 흉악하게 두 사람을 노려보는 것을 느꼈습니다. 두 순례자는 앉기가 두려워, 차고 찐득한 벽에 몸을 기댔습니다. 공기도 너무 탁하고 역해 최대한 숨을 참았다가 조금씩 내쉬고 또 들이마셨습니다.

소망은 크리스천의 옆구리를 찌르며 찬양을 하자고 했습니다. 그러나 크리스천은 찬양이 나오지 않았습니다. 자신의 실수로 두 사람이 이곳에 끌려 왔기 때문입니다. 그런 자신을 도저히 용서할 수가 없었습니다. 크리스천은 자신이 절대 용서받지

못할 것이며, 결국 곧은길로 가는 길을 다시 찾을 수 없을 거라고 생각했습니다.

그들은 얼마나 오래 지하 감옥에 갇혀 있었는지 알 수 없었습니다. 거인은 음식도 물도 주지 않았습니다. 두 순례자는 암벽을 타고 내리는 습기와 땀으로 목을 축였습니다. 그들은 점차 약해졌습니다. 소망이 용기를 내라고 격려했지만 크리스천은 자책감으로 마음이 괴로웠습니다.

그렇게 한참이 지났을 때, 거인의 아내 망설임^{Giantess Diffidence}이 두 순례자가 아직 살아 있는지 남편에게 물었습니다.

"아마도 그럴 거야."

절망 거인이 대답했습니다.

"가서 직접 확인하는 게 어때요?"

그녀가 물었습니다.

"아직 살아 있으면 어쩌게?"

거인이 허겁지겁 황소를 먹으며 아내에게 물었습니다. 그는 단지 두 순례자의 숨이 아직 붙어 있는지 확인하기 위해 지하 감옥으로 내려가는 것을 몹시 귀찮아하는 것 같았습니다.

"아직 숨이 붙어 있으면 놈들이 스스로 목숨을 끊을 때까지

절망 거인의 아내, 망설임 Giantess Diffidence

절망 거인 Giant Despair

실컷 매질이나 해주세요.”

“그럼, 그래 볼까?”

절망 거인은 밥상을 물리고 일어나 지하 감옥으로 터벅터벅 내려갔습니다. 거인이 감옥 문을 열고 횃불을 들이 밀었을 때, 두 순례자는 갑자기 들어온 빛에 눈이 부셔 두 눈을 가렸습니다.

“우리들을 꺼내주러 온 겁니까?”

소망이 물었습니다. 거인이 음흉하게 웃더니, 야생 사과나무 밑동으로 만든 커다란 곤봉을 높이 치켜들었습니다. 그리고 소망의 가슴을 힘껏 내리쳤습니다. 소망이 컴컴한 지하 감옥의 진흙 바닥에 나뒹굴었습니다. 크리스천이 달려가 소망의 몸을 어루만지자 이번엔 거인의 곤봉이 크리스천의 옆구리를 강타했습니다. 크리스천은 뒤쪽 벽으로 날아가 떨어졌습니다. 절망 거인은 두 순례자가 의식을 잃을 때까지 매질을 멈추지 않았습니다.

천성 길을 포기할 지경에 이르렀을 때

절망 거인은 매일 아침 지하 감옥에 내려와 두 순례자를 구타했습니다. 사흘째 되던 날 아침, 거인이 휘두르는 곤봉을 크리스천이 운좋게 피했습니다. 곤봉이 감옥 벽에 맞으면서 벽에 박혀 있던 돌 하나가 빠져나왔습니다. 그리고 그 틈으로 한 줄기 빛이 들어와 거인의 이마를 정통으로 비추었습니다. 그러자 갑자기 거인이 힘을 잃고 쓰러졌습니다. 거인은 가까스로 바닥을 기어 나가, 사방을 더듬거리며 감옥 문을 잠근 다음 자기 방으로 올라갔습니다. 크리스천과 소망의 몸이 쇠약해지지만 않았다면 충분히 탈출할 수 있었을 것입니다.

그날 밤, 거인의 아내 망설임이 처음으로 두 순례자를 찾아왔습니다.

"아직 살아 있는 것을 보니 제법이구나."

그녀가 말했습니다.

"하지만 도망칠 수 없다는 것을 잊지 말아라. 매일 아침 내 남편이 너희들을 매질할 것이고, 매일 저녁 아무 것도 못먹고 잠자리에 들 것이다. 이런 비통한 삶을 사느니 차라리 목숨을 끊고 죽어버려라!"

크리스천은 고개를 끄덕이며 신음했습니다.

"배가 고프겠구나."

그녀는 이렇게 말하더니 감옥 문 안쪽에 자루 하나를 내려놓았습니다.

"이 안에 든 것이 너희들을 구해줄 것이다."

그녀는 쇠문을 쾅 닫았습니다. 두 사람은 계단을 올라가는 그녀의 발걸음 소리를 들었습니다. 소망이 자루를 가져와 열더니 벽의 틈으로 들어오는 가는 빛에 비추어 보았습니다.

"이상해요. 여기 밧줄과 칼, 그리고 병 한 개가 들어 있어요."

"스스로 목숨을 끊으라는 뜻이겠지요."

크리스천이 대답했습니다.

"밧줄은 목을 매달라는 뜻이고, 칼은 숨통을 끊으라는 것이고, 병에는 아마 독이 들어 있을 겁니다."

크리스천이 잠시 침묵하더니 다시 말했습니다.

"어쩌면 그게 최선일지도 모릅니다."

"결코 그렇지 않습니다."

소망이 두려운 듯 소리쳤습니다.

"절망에 빠져 자살을 하겠다는 말씀입니까? 절망이 우리들을 자살로 이끌도록 허락하겠다는 말씀입니까? 저 빛 때문에 거인의 힘이 약해진 것을 보지 않았습니까? 우리가 잘 준비하면 도망칠 수 있을지 누가 알겠습니까? 그러니 인내하면서 기회를 잡읍시다."

그래서 그들은 기회를 기다렸습니다. 망설임의 말대로 매일 아침 거인이 내려와 두 순례자를 구타했고, 매일 저녁 그들은 아무 것도 먹지 못하고 지쳐 잠들었습니다. 크리스천은 가끔 자루를 쳐다보았지만 무엇을 꺼내지는 않았습니다.

그렇게 며칠이 지나자 망설임이 안달이 나기 시작했습니다. 그날 밤, 그녀가 기막힌 아이디어를 생각해냈습니다.

"여보, 내일 아침 두 놈을 때리기 전에 안뜰로 데리고 나가서 당신한테 죽은 놈들의 뼈와 해골을 보여주세요. 이번 주가 지나기 전에 당신이 놈들을 박살내 뼈도 못 추리게 할 거라는 걸 깨닫게 해주라고요. 그러면 스스로 목숨을 끊지 않고는 못 배길 거예요."

그래서 이튿날 아침, 절망 거인은 아내를 기쁘게 해주려고 두 순례자를 성 안뜰로 데리고 나갔습니다.

"이 뼈들은…."

거인이 흉측한 뼈 무더기를 가리키며 말했습니다.

"한때 네놈들처럼 순례자였지만, 내 영토를 침범했다가 처

참하게 죽은 놈들의 뼈이다. 이 뼈의 주인들도 네놈들과 마찬가지로 내 지하 감옥에 갇혀 있었다. 앞으로 일주일 안에 네놈들의 뼈가 이 위에 쌓일 것이다.”

거인은 이렇게 말한 뒤에 다시 두 순례자를 지하 감옥으로 데려가 모질게 때렸습니다. 두 순례자는 신음하며 바닥에 뒹굴었습니다.

“땅거미가 지기 전에 목숨을 끊겠지. 으흐흐…”
거인이 흉측하게 웃었습니다.

매질의 고통이 어느 정도 가서 기력을 회복하자, 크리스천은 정말로 자루를 가져왔습니다.

"안 돼요!"

소망이 크리스천에게 기어가면서 급히 소리쳤습니다. 크리스천은 벌써 독이 든 병을 꺼내들고 있었습니다.

"거인이 당신만 때렸습니까? 당신만 굶겼습니까? 당신만 어둠 속에 가두었습니까? 우리 두 사람이 같은 일을 당했는데 어찌 당신만 그런 생각을 하십니까? 이왕 참기로 했으니 조금만 더 인내합시다."

"그럴 수 없습니다."

크리스천이 절망적인 목소리로 말했습니다.

"허영의 시장에서 보여준 당신의 용기를 기억하세요. 아볼루온과 싸웠던 일을 기억하세요. 완전히 끝장났다고 생각했던 순간에 임마누엘의 섭리를 따라 검을 향해 손을 뻗었던 것을 기억하십시오."

크리스천은 고개를 끄덕였습니다. 그리고 갑자기 힘을 내, 독이 든 병을 벽에 던져 깨트렸습니다.

"임마누엘의 섭리를 따라!"

크리스천이 큰 소리로 외쳤습니다. 그의 목소리에는 알 수 없는 새로운 힘이 실려 있었습니다.

"두루마리를 읽읍시다."

소망이 제안했습니다. 그래서 두 사람은 품에서 두루마리를 꺼내 작은 빛 가까이 갔습니다.

약속의 열쇠

오후쯤 되어 망설임은 절망의 성에서 생전 들어보지 못했던 이상한 소리를 들었습니다. 노랫소리였습니다. 그녀는 귀를 기울이고 들었습니다. 들어본 적 없는 노래였지만, 어디에서 들려오는지는 알 수 있었습니다. 크리스천과 소망이 찬양을 하고 있었던 것입니다.

"이게 무슨 소리야?"

절망 거인이 소스라치게 놀라며 말했습니다.

"찬양 소리예요. 놈들이 희망의 건더기라도 발견한 모양이에요."

망설임이 갸우뚱하며 대답했습니다.

"희망의 건더기라니? 도망칠 수도 없는데?"

"그러게요. 놈들한테 가봤어요?"

"아니."

"놈들이 열쇠 비슷한 걸 갖고 있는 게 아닐까요? 그렇지 않고서야 도망칠 수 있다는 희망을 가질 수가 없잖아요."

거인은 고개를 끄덕였습니다.

"그런 걸 갖고 있다면 희망을 품을 수 있겠지. 우선 이 황소를 반으로 갈라 한쪽씩 먹자고. 일단 배를 채운 다음에 내려가 봐야겠어."

크리스천이 무엇을 발견했는지 절망 거인이 알았다면, 황소를 먹느라 시간을 지체하지 않았을 것입니다. 크리스천은 두루마리를 읽다가 밀랍 봉인 밑에서 밝은 빛이 나오는 것을 보았습니다. 밀랍 봉인 밑에 무엇인가가 묻혀 있는 것 같았습니다. 그래서 크리스천은 엄지손가락 손톱으로 밀랍을 긁어보았습니다. 그 밑에 열쇠가 있었습니다. 긴 열쇠 대 위에는 '약속'Promise 이라는 글씨가 새겨져 있었습니다.

"이것으로 문이 열릴까요?"

지하 감옥의 육중한 쇠문을 쳐다보며 크리스천이 물었습니다.

"해보세요."

"임마누엘을 신뢰하세요."

소망의 말에 크리스천은 그렇게 해보았습니다. 하지만 자물통 구멍에 열쇠를 끼워도 찰칵 하고 열쇠가 돌아가지 않았습니다. 크리스천은 열쇠를 컴컴한 감옥 바닥에 던지려고 했습니다. 그러자 소망이 소리쳤습니다.

"임마누엘을 신뢰하세요. 아무 쓸모없는 것이었다면 임마누엘께서 두루마리 밀랍 밑에 두지 않았을 거예요. 다시 해보세요."

크리스천은 임마누엘을 신뢰하는 마음으로 다시 시도했습니다. 그러자 이번에는 열쇠가 쉽게 돌아갔습니다. 크리스천은 급히 밖으로 나와, 거인이 팽개쳤던 갑옷을 입고 검을 챙겼습니다. 크리스천과 소망은 조심스럽게 계단을 올라갔습니다. 기나긴 계단을 오르자 성의 뜰로 향하는 문이 나왔습니다. 그 문도 굳게 잠겨 있었습니다. 그러나 그 열쇠를 자물통에 넣자 쉽게 열렸습니다. 두 사람은 천천히, 아주 조용히 안뜰을 가로질렀습니다. 거인한테 들키면 도망칠 수 없다는 것을 알고 있었기 때문입니다. 더구나 두 사람은 기력이 쇠해져 뛸 수도 없었습니다.

의심의 성을 빠져나오다

두 순례자는 드디어 마지막 문에 도착했습니다. 엄청나게 크고 단단해 보이는 쇠문이었습니다. 크리스천이 열쇠를 자물통에 넣었습니다. 끼루룩 하면서 녹슨 걸쇠가 돌아갔습니다. 크리스천과 소망은 문을 힘껏 밀었습니다. 쇠문이 삐걱거리면서 조금 밀렸지만 너무 크고 무거워 좀처럼 움직이지 않았습니다.

끼루룩 걸쇠 돌아가는 소리와 삐걱삐걱 쇠문 열리는 소리가 바람을 타고 절망 거인의 귀에 들어갔습니다. 황소 다리를 뜯고 있던 거인이 벌떡 일어나 곤봉을 잡고 마당으로 뛰어내려왔습니다. 크리스천과 소망은 쿵쿵거리는 거인의 발소리를 듣고 필사적으로 문을 밀었습니다. 그러나 문은 좀처럼 움직이지 않았습니다. 마침내 거인이 두 순례자를 발견했습니다.

거인은 아무 말도 하지 않고, 곤봉을 높이 쳐들고 천천히 다가왔습니다. 거인은 이번에야말로 두 순례자의 뼈를 허옇게 드러내겠다고 마음먹은 듯이 음흉한 미소를 지으며 여유 만만하게 다가왔습니다. 크리스천과 소망은 젖 먹던 힘을 다해 문을 밀었습니다. 그러자 두 사람이 간신히 빠져나갈 수 있을 만큼 문이 열렸습니다.

　이미 거인은 그들 뒤에 바짝 따라온 뒤였습니다. 거인은 곤봉을 휘두르기 시작했습니다. 그러나 거인이 곤봉을 머리 뒤로 젖혔다가 다시 내려치려는 순간, 밝은 빛 한 줄기가 의심의 성에 드리웠던 검은 구름을 뚫고 나와 거인의 심장을 비추었습니다. 거인이 소름끼치는 비명을 지르며 곤봉을 떨어트리고는 땅에 쓰러졌습니다.

　크리스천과 소망은 거인이 죽었는지 살았는지 살펴볼 겨를이 없었습니다.

　두 순례자는 풀밭으로 들어가 재빨리 건넌 다음, 울타리를 훌쩍 뛰어넘어 곧은길로 돌아갔습니다. 그들은 숨을 헐떡이며 곧은길 위에 쓰러졌습니다. 그리고 그 큰 기쁨을 주체할 수 없어 울고 웃다가 또 울고 웃었습니다.

"희망을 잃지 말아야 한다는 당신 말씀이 옳았습니다."

크리스천이 말했습니다.

"이 땅의 주인은 언제나 신뢰할만한 분이십니다."

소망이 대답했습니다.

두 사람은 그곳을 떠나기 전에 비석을 세워 이렇게 썼습니다.

그 이후, 곧은길을 따라 천성으로 가는 많은 순례자들이 풀밭으로 들어가려는 유혹을 받았다가 이 비석의 경고문을 보고 목숨을 건졌습니다.

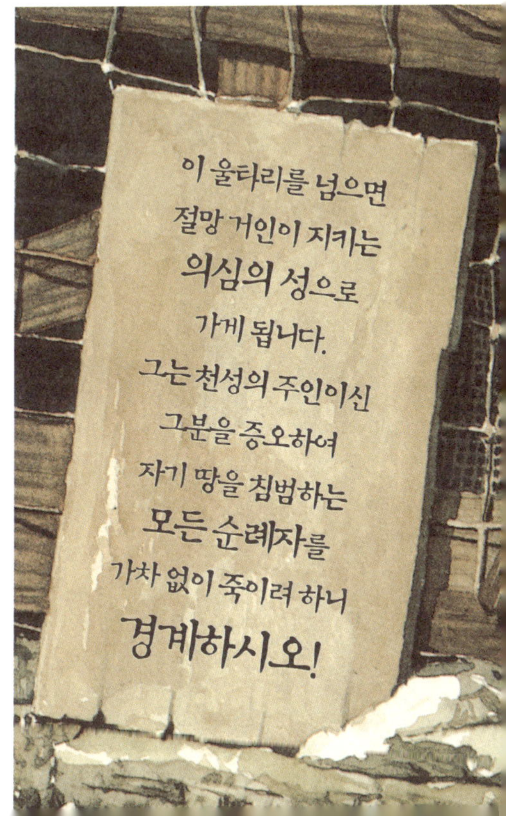

나는 절망 거인이 죽지 않고 여전히 의심의 성에 살고 있는 것을 꿈에서 보았습니다. 그리고 의심의 성에서 도망친 사람이라도 또 다시 희망을 잃을 수 있다는 것을 알았습니다. 해설자의 집 철창에 갇혀 있던 절망이 바로 그런 사람이었습니다. 하지만 크리스천과 소망은 희망을 잃지 않고 곧은길에 들어섰습니다.

나는 그들이 천성에 도착하려면 얼마나 더 걸어야 하는지 의아하게 여겼습니다. 그리고 나 자신의 여행에 대해서도 궁금해졌습니다.

VII
마침내 천성에 이르다

기쁨의 산에서 만난 네 명의 목자들

크리스천과 소망이 기쁨의 산에 가까이 갈수록 길은 더욱 쾌적하고 편안했습니다. 크리스천이 아름다운 궁전의 높은 망루에서 보았던 바로 그 산이었습니다. 길을 따라 펼쳐져 있는 정원과 과수원들의 나무들이 활짝 꽃을 피우고 있었으며, 포근하고 상쾌한 공기가 감싸고 있었습니다. 달콤한 사과향이 산들바람에 실려 왔습니다. 근처에 있는 샘과 시내에서도 사과 향이 나는 것 같았습니다. 물은 깜짝 놀랄 정도로 차가웠지만, 살갗을 파고드는 그 얼얼한 느낌에서 두 순례자는 만족을 얻었습니다.

의심의 성에서 멀어지면 멀어질수록 정원과 과수원은 더 아름다워졌고, 샘과 시내는 더욱 신선해졌습니다. 그들은 그 길에 있는 나무들의 열매를 먹었고, 시내에서 매일 아침 목욕을 했습니다. 그러자 점차 강건하게 회복되어 하루 종일 달음질해도 피곤하지 않을 것처럼 느껴졌습니다.

하지만, 그들은 굽이굽이 모퉁이를 돌 때마다 길이 점점 높아지고 있다는 것을 알아차리지 못했습니다. 그러다가 어느 날 아침에 뒤를 돌아다보고, 의심의 성을 덮고 있는 회색 구름이 저멀리 아래에 있는 것을 보았습니다. 앞에 있는 하늘이 너무도 푸르고 가까워 보여 손만 뻗으면 유리 같은 둥근 지붕이 닿을 것 같았습니다.

그들은 계속 앞으로 나아갔습니다. 태양이 얼굴을 빼꼼히 내밀고 있었습니다. 태양은 어느 때보다 더 크게 보였습니다. 그러나 그 땅의 물과 과일이 두 순례자의 눈을 더욱 강하게 만들어서 태양을 정면으로 쳐다봐도 눈이 부시지 않았습니다.

“천성이 멀지 않은 것 같습니다.”

소망이 말했습니다.

조금 가다 보니, 네 명의 목동이 길 옆에서 가축들에게 꼴을 먹이고 있었습니다. 크리스천은 천성까지 얼마나 더 가야 하는지 목동들이 알지도 모른다고 생각했습니다. 그들은 수수한 옷을 입고 있었지만, 커다랗고 다부진 체격이었습니다. 그들의 맑은 눈은, 마치 평생을 이 산에서 지내 하늘을 눈에 간직한 것처럼 맑고 푸르렀습니다. 그들은 지팡이에 몸을 기대고, 크리스천과 소망이 다가오는 것을 지켜보았습니다.

“이 산지도 이 땅의 주인께 속한 것입니까?”

크리스천이 다소 수줍은 듯 물었습니다. 그들이 아주 평화롭고, 확신에 가득찬 모습으로 일을 하기에 행여 폐가 되지 않을까 염려가 되었습니다.

“이 산지는 임마누엘의 땅으로서 천성 풍경의 일부입니다.”

가장 연로한 목자가 대답했습니다. 그의 이름은 지식知識, Knowledge이었습니다.

“이것은 그분의 양떼입니다. 그분께서는 이 양떼들을 위해 목숨을 버리셨습니다.”

지식 Knowledge

“그러면 이 길이 천성에 이르는 길입니까?”

“이 길이 옳은 길이라는 것을 줄곧 알고 계시지 않았습니까?”

지식이 허리를 숙여, 귀여워 해달라고 조르며 몸을 비벼대는 양의 머리를 어루만지며 말했습니다.

그 말을 듣자 크리스천의 마음에서 갑자기 새로운 희망이 용솟음쳤습니다.

“천성까지 가려면 얼마나 더 가야 합니까?”

“어떤 사람에게는 너무 멀지만 거기 이르는 사람에게는 결코 멀지 않은 곳입니다.”

“그 길은 안전합니까, 위험합니까?”

“이 길이 당신에게 위험해지면 위험한 길이 될 것이오, 안전해지면 안전한 길이 될 것입니다.”

크리스천과 소망이 무슨 뜻인지 몰라 혼란스러워하자, 정직正直, Sincere이라는 이름의 다른 목동이 차근차근 설명해주었습니다.

“여러분은 여행을 하면서 많은 위험을 겪었고, 또 안전한 곳도 지나왔습니다. 사망의 음침한 골짜기를 무사히 빠져나왔고,

또 아름다운 궁전에서 쉼을 얻기도 했습니다. 또 의심의 성을 지나(저는 두 분이 의심의 성에 갇혀 있는 것을 보았습니다) 지금은 기쁨의 산에 이르렀습니다. 그런데 앞에 있는 길이 지나온 길과 전혀 다르지 않다는 것을 깨닫게 된다고 놀라면 되겠습니까?"

"알겠습니다. 놀라지 않겠습니다. 저희들이 고되지만 옳은 길을 가고 있다는 것을 잠시 잊었습니다."

크리스천이 고개를 끄덕이며 대답했습니다.

"마땅히 그래야 할 것입니다."

정직이 고개를 끄덕였습니다.

"이를 더 명확하게 깨우쳐드리기 위해 몇 가지 보여드릴 것이 있습니다. 제 사촌 경험經驗, Experience과 주의注意, Watchful를 따라가십시오. 그러면 지식이 하신 말씀의 의미를 확실히 이해할 수 있을 겁니다."

실수의 벼랑과 천성 문을 목격하다

경험과 주의가 그들의 지팡이를 크리스천과 소망에게 내밀었습니다. 그래서 두 순례자는 그들의 지팡이를 붙잡고 기쁨의 산을 오르기 시작했습니다. 그들이 발걸음을 뗄 때마다 놀라운

광경들이 눈앞에 펼쳐졌습니다. 참나무 뿌리 사이에서 펑펑 솟는 샘물이나 단풍나무 높은 가지 위에서 장난치는 두 마리의 너구리, 그리고 너무도 부드럽고 두터워서 오리 깃털 위를 걷는 듯한 느낌을 주는 이끼 같은 것들이 보였습니다.

그들이 기쁨의 산 정상에 오르자 경험과 주의가 아래를 내려다보라고 했습니다. 알고 보니 그들은 깎아지른 듯한 벼랑에 서 있었습니다. 경사가 어찌나 가파른지 크리스천과 소망은 가장자리로 가고 싶지 않았습니다. 그래서 두 사람은 손과 무릎으로 벌벌 기면서 벼랑 끝으로 다가가 간신히 밑을 내려다보았습니다. 벼랑에서 추락해 죽은 사람들의 뼈가, 까마득한 저 아래 수북이 쌓여 있고 그 위로 검은 연기가 몽글몽글 솟았습니다.

"이곳은 '실수의 벼랑'Cliff of Error입니다."

주의가 말했습니다.

"저기 있는 뼈들의 일부는 절망 거인이 갖다 놓은 것입니다. 하지만 대부분의 뼈들은 두려움과 불확신에 눈이 멀어 길에서 벗어난 사람들의 것입니다. 그들이 이곳에서 실족해 벼랑으로 추락한 것입니다."

크리스천과 소망은 천성에서 아주 가까운 이곳에서도 순례자들이 실족할 수 있다는 것을 깨닫고 경계를 게을리 하지 말아야 한다고 다짐했습니다.

"저 연기는 어디에서 나는 것입니까?"

소망이 물었습니다.

"지옥 입구에서 시작되어 이 벼랑 아래서 끝나는 동굴에서 솟는 것입니다."

크리스천과 소망은 온몸이 사시나무처럼 떨렸습니다. 만약 '약속' 이라는 열쇠가 없었다면, 절망 거인이 두 사람의 뼈를 그 뼈 무더기 위에 쌓았을 것이기 때문입니다.

"보여드릴 게 더 있으니 따라 오십시오."

경험이 말했습니다. 그들은 다른 언덕으로 올라갔습니다. 그 길 역시도 경사가 너무 심해 크리스천과 소망은 두 목자의 지팡이를 잡고 간신히 기어올랐습니다. 정상에 오르자 체험이 감격스런 얼굴로 동쪽을 가리켰습니다.

"보십시오. 천성의 문입니다."

크리스천은 경험의 손가락이 가리키는 곳을 보았지만, 실수의 벼랑에서 솟아오르는 자욱한 연기에 가려 밝은 빛밖에 보이지 않았습니다. 하지만 소망은 분명하게 볼 수 있었습니다.

"크리스천!"

소망은 숨이 막힐 정도로 벅찬 감동에 사로잡혔습니다.

"보여요? 너무 아름다워요. 아주 가까이에 있어요."

크리스천은 천성 문을 보려고 아무리 애를 써도 처음에 보았던 밝은 빛 말고는 아무 것도 보이지 않았습니다. 그는 실망한 기색을 감추며 돌아섰습니다. 그들은 경험과 주의의 인도를 따라 언덕에서 내려왔습니다. 지식과 정직이 양들을 불러 모으고 있었습니다.

"날이 어두웠습니다."

지식이 말했습니다.

"오늘밤은 저희와 함께 머무시고 내일 아침 일찍 길을 떠나시지요."

"친절에 감사드립니다."

크리스천이 말했습니다. 그들은 맑고도 밝은 별 아래서 네 목자와 함께 평화롭게 쉬었습니다.

이튿날 아침, 크리스천과 소망은 처음 맛보는 견과류와 노릇노릇한 빵과 달콤한 과일로 아침 식사를 했습니다.

"천성 근처에서는 다른 곳에서 자랄 수 없는 많은 것들이 자랍니다."

정직이 설명했습니다.

"이곳의 모든 것들이 그저 경이롭습니다."

소망의 말에 목자들은 고개를 끄덕였습니다.

경험이 두 가지를 경고하다

크리스천과 소망이 떠날 채비를 할 때, 경험이 두 가지를 경고했습니다.

"첫째, 속이는 자Deceiver를 조심하십시오. 그는 언뜻 훌륭한 사람처럼 보이겠지만 그가 정말로 사악하다는 것을 확실히 알게 될 것입니다. 둘째, '마법에 걸린 땅'Enchanted Ground에서 절대 잠들지 마십시오. 그 이유는 그곳에 이르면 알게 될 것입니다. 부디 천성에 도착하기를 바랍니다."

그러는 사이에 양들이 배가 고프다고 울어댔습니다. 목자들은 두 순례자에게 서둘러 작별인사를 한 뒤에 양떼를 데리고 산 너머로 향했습니다. 크리스천과 소망은 목자들이 보이지 않을 때까지 지켜보다가 돌아서서 길을 가기 시작했습니다.

그들은 아침 내내 경쾌하게 걸었습니다. 기쁨의 산을 내려가는 길은 편안하고 쉬웠습니다. 소망은 천성 문을 보았을 때의 감격에 푹 젖어 있었습니다. 크리스천은 천성 문을 보지 못한 것이 못내 아쉬웠지만, 소망이 분명히 보았으므로 힘을 냈습니다.

기쁨의 산의 발치에 이르자, 좁고 굽은 오솔길 하나가 앞으로 난 곧은길과 합류하는 게 보였습니다. '교만'驕慢, Conceit이라는 나라에서 오는 지름길이었습니다. 어떤 청년이 오솔길을 깡충깡충 뛰어와 곧은길로 막 접어들고 있었습니다. 그의 이름은 무지無知, Ignorance였습니다. 무지는 바로 그날 아침에 그 길을 걷기 시작했습니다. 달리 할 일이 없었기 때문이었습니다.

"반갑습니다."

청년이 활달하게 인사했습니다.

"당신들도 천성으로 가고 있습니까?"

"네. 그렇습니다."

크리스천이 대답했습니다.

"우리들은 빛나는 문으로 들어와 여기까지 고되지만 곧은길로 왔는데, 당신은 이 길 말고 다른 길로 왔으니 천성에 도달하기가 어렵지 않겠습니까?"

무지가 이 말을 듣고 다소 곤혹스러운 표정을 짓더니 대답했습니다.

"나는 이 땅의 주인을 잘 알고 있습니다. 나는 고향에서 부족함 없이 잘 살았지만, 이 길을 가기 위해 모든 것을 버리고 왔습니다."

"하지만 당신은 두루마리를 받지 못하지 않았습니까?"

"신사 여러분, 오늘 처음 뵙는 분들 같은데 다소 무례하십니다. 저는 제 종교를 따를 테니 그냥 내버려두시고 당신들의 종교나 잘 따르십시오."

"하지만 당신은 이 길을 여행하는 방법을 알고 싶지 않으신가요?"

소망이 의아한 표정을 지으며 물었습니다.

"길은 다 똑같아요."

무지가 고개를 가로젓더니 땅을 가리키며 말했습니다.

"길은 그냥 길이에요."

"하지만 이 길은 빛나는 문에서 시작되는 길이에요."

"당신들이 말하는 그 빛나는 문이 우리나라에서 너무 멀다는 건 삼척동자도 다 아는 사실입니다."

무지가 다시 고개를 저으며 말했습니다.

"사실 우리나라 사람들은 빛나는 문으로 가는 길을 모를 뿐 아니라 알아야 할 필요도 없습니다. 왜냐하면 우리나라에서 이 길로 곧장 통하는 편하고 쉬운 지름길이 있기 때문이죠. 그러니 천성에서 가장 좋은 것들을 누리기를 기대하면서 빨리 가기나 합시다."

"아무래도 이 사람은 고되지만 옳은 길을 따르는 법을 알고 싶지 않은 모양입니다."

크리스천이 고개를 저으며 소망의 귀에 대고 말했습니다.

"저는 허영의 시장에 살 때 이런 사람들을 많이 보았습니다."

"저도 멸망의 도시에 있을 때 많이 보았습니다."

소망과 크리스천이 이렇게 말한 뒤에 앞장을 섰습니다. 무지는 두 순례자와 대화하는 게 불편해서 뒤에 처져서 걸었습니다.

두루마리가 없는 사람의 종말

오후쯤에 그들은 고약한 연기 냄새를 맡았습니다. 바로 앞에 있는 나무들에서 검은 연기가 솟구치고 있었습니다. 처음에 두 사람은 숲에 불이 난 것이라 생각했지만 그 연기는 여느 불에서 나는 연기보다 훨씬 더 끔찍하고 두려웠습니다. 순간, 크리스천은 그 냄새가 어디선가 맡아본 냄새라는 게 기억났습니다.

"소망!"

크리스천이 소리쳤습니다.

"숲에 불이 난 게 아니에요. 이 냄새는…."

크리스천은 말을 끝내지 못했습니다. 갑자기 한 무리의 귀신들이 웃고 떠들고 까불면서 두 순례자 쪽으로 내려왔기 때문입니다. 크리스천과 소망은 길옆으로 비켜났습니다. 크리스천이 소망을 뒤로 보내고, 검과 방패로 대적할 태세를 갖추었습니다. 그런데 이상하게도, 귀신들은 두 순례자에게 말을 걸지도 공격하지도 않았습니다. 귀신들은 노래하고 춤추며 두 순례자를 그냥 지나갔습니다.

그때 크리스천은 귀신들 떼거리 한 가운데 어떤 사람이 있는 것을 보았습니다. 아는 사람 같았습니다. 언젠가 멸망의 도시를 떠났다던 배신背信,Turn-Away이라는 이름의 남자인 것 같았습니다. 귀신들이 그 사람의 목을 매달아 땅에 질질 끌고 가는 바람에 얼굴을 정확히 볼 수는 없었습니다. 크리스천과 소망이 귀신들이 어디로 가는지 돌아봤을 때, 귀신들이 길가에서 벌벌 떨고 있는 무지 앞에서 멈췄습니다. 귀신들은 무지의 얼굴을 노려보았습니다. 그리고 푸줏간 주인이 고기의 신선도를 점검하듯이 아래 위로 훑어보며 무지의 살갗을 만져보았습니다. 크리스천과 소망은 귀신들이 무지에게 손을 내미는 것을 보았습니다. 두루마리를 보여 달라고 요구하는 것 같았습니다. 그러나 무지에게 두루마리가 있을 리 없었습니다. 귀신들이 깔깔대고 웃더니 무지의 목에도 밧줄을 걸어 홱 잡아당겼습니다. 귀신들은 두 남자를 질질 끌고 과실의 낭떠러지를 향해 까불면서 뛰어갔습니다. 크리스천과 소망은 치가 떨렸습니다.

그들은 다시 길을 재촉했습니다. 길가에 있던 풀들이 귀신들의 발에 밟혀 시커멓게 재로 변했고, 나무뿌리들은 귀신들의 날카로운 발뒤꿈치에 긁혀 찢겼습니다. 하지만 두 순례자가 지나가자 길이 원래대로 되돌아와 시커먼 재에서 풀들이 돋아났고 뿌리들이 다시 제 모습을 갖추었습니다. 기쁨의 산에서 내려오는 시원한 바람이 귀신들이 풍기던 역한 냄새도 다 날려버렸습니다.

흰 두건으로 얼굴을 가린 사람

늦은 오후 무렵, 바쁜 걸음으로 피곤해진 크리스천과 소망은 길이 두 갈래로 갈라지는 지점을 만났습니다. 그런데, 두 길 모두 곧아 보여 두 순례자는 어디로 가야할지 결정을 내리지 못했습니다. 양쪽 길 모두 천성으로 이어질 것 같았습니다.

“어느 길로 가죠?”

소망이 물었습니다.

“저도 잘 모르겠습니다.”

크리스천이 고개를 갸우뚱하며 대답했습니다. 그때 누군가의 목소리가 들렸습니다.

“신사 양반들, 제가 도움이 될지 모르겠습니다.”

어떤 키 큰 사람이 흰 두건이 달린 긴 외투를 입고 그들 앞에 서 있었습니다. 크리스천과 소망은 그 사람이 앞에 있는 것을 왜 보지 못했는지 이상하기만 했습니다.

“천성으로 가는 길을 알고 계십니까?”

크리스천이 물었습니다. 그 사람은 고개만 끄덕였습니다. 두 순례자는 그의 얼굴을 볼 수 없었습니다. 흰 두건으로 얼굴을 가리고 있었기 때문입니다.

"저는 당신들처럼 천성을 향해 가는 순례자들을 기다리는 사람입니다. 저는 일찍이 많은 순례자들을 인도했습니다. 그래서 두 분께도 작은 친절을 베풀려고 합니다. 괜찮으시면 저를 따라오시겠습니까?"

"이 사람이 마음에 들지 않아요."

크리스천이 소망에게 은밀히 말했습니다.

"이 사람은… 뭔가를 숨기고 있는 거 같아요."

"하지만 흰 옷을 입고 있잖아요."

소망이 동의하면서도 한편으로도 다른 의견을 제시했습니다.

"어쩌면 이 사람이 천성에 사는 빛나는 존재의 하나로, 순례자들을 인도하기 위해 부름을 받고 이곳에 온 것인지도 모르지 않습니까?"

"그럴지도 모르겠군요."

크리스천이 한참을 생각하더니 마음을 굳힌 듯이 말했습니다.

"일단 따라가 봅시다."

"앞장을 서시면 저희가 따르겠습니다."

크리스천이 그 사람에게 말했습니다. 흰 옷을 입은 사람이

속이는 자 Deceiver

왼쪽 길로 들어섰습니다. 그러자 그와 동시에 그 길이 천성에서 멀어지기 시작했습니다. 크리스천과 소망은 당장 돌아가야 했습니다. 하지만 그들은 앞서가는 사람을 무작정 따라갔습니다. 그 길은 구불구불 심하게 굽어 있었습니다. 마침내 그들은 천성이 그들 등 뒤에 있으며, 천성과는 점점 멀어지고 있다는 것을 깨달았습니다.

"잠깐만요!"

크리스천이 앞서가는 사람에게 소리쳤습니다.

"이 길은 천성으로 향하는 길이 아니지 않습니까?"

그는 발걸음을 멈추더니 두 순례자를 돌아다보았습니다. 그리고 백짓장처럼 하얀 손을 들어 두건을 젖혔습니다. 그들은 처음으로 그 사람의 얼굴을 보았습니다. 그것은 오싹한 해골이었습니다.

"속이는 자Deceiver예요."

소망이 소스라치며 말했습니다.

그들은 뒤로 물러났지만 너무 늦고 말았습니다. 무거운 추가 달린 그물이 그들 위에 떨어졌습니다. 빠져나오려고 발버둥을 치면 칠수록 온몸이 그물에 얽혀 옴짝달싹할 수 없었습니다.

속이는 자는 아무 말도 하지 않았습니다. 그는 다시 두건을 푹 뒤집어 쓰더니, 두 순례자를 쳐다보지도 않고 아까 걸어왔던 길을 되돌아갔습니다. 다른 순례자들을 잡으려고 조금 전의 그 두 갈래 길로 가는 게 분명했습니다.

그물이 두 순례자를 억세게 조였습니다. 크리스천은 팔을 마음대로 움직일 수가 없어서 검을 뽑을 수가 없었습니다. 그들은 음식도 물도 먹지 못한 채 하루 종일 그물에 갇혀 있었습니다. 그들의 몸이 쇠약해졌습니다. 마음도 쇠약해졌습니다. 크리스천은 어쩌면 그물에서 빠져나가지 못할 거라고 생각했습니다. 그렇게 한참이 지나자 그들은 발버둥치는 것도 그만두었습니다.

빛나는 존재에게 구출되다

어둠이 짙게 내려앉았습니다. 두 순례자는 먹이를 찾아 배회하는 밤 짐승들이 무서웠습니다. 그러나 그들은 속이는 자가 더 무서웠습니다. 그가 언제 다시 돌아와 두 순례자를 처치할지 알 수 없었기 때문이었습니다. 그리고 어둠이 깔린 지 얼마 지나지 않아, 그들은 흰 빛이 나무들 사이에서 움직이는 것을 보았습니다. 그 빛이 어찌나 밝은지 마치 하늘 한 가운데서 봉화가 피어오르는 것만 같았습니다.

"속이는 자가 오고 있는 걸까요?"

크리스천이 소망에게 속삭였습니다.

"아니에요."

소망이 대답했습니다.

"그럴 리가 없습니다. 이 빛은 달라요. 이 빛은 하얗지만 다른 색을 띠고 있는 것 같아요."

그 빛이 점차 가까워지자 크리스천은 속이는 자가 아니라는 것을 분명히 알았습니다. 그 빛이 아주 가까워졌을 때, 크리스천은 전에 만났던 빛나는 존재Shining One의 황금빛 특징들을 볼 수 있었습니다. 또한, 충만하게 생생한 현실로 포근하게 빛나는 그 빛을 느낄 수 있었습니다. 크리스천은 어째서 소망과 자신이 천성의 빛나는 존재와 속이는 자를 혼동한 것인지 도무지 이해할 수가 없었습니다.

"여기에서 무엇을 하고 있는 것인가?"

빛나는 존재가 물었습니다.

"이 길은 천성으로 향하는 길이 아니로다!"

“알고 있습니다.”

크리스천이 대답했습니다.

“저희들이 속이는 자에게 기만을 당해 길에서 벗어나 이렇게 그물에 갇히고 말았습니다.”

빛나는 존재가 불타는 검을 높이 들어 그물을 베었는데도 크리스천과 소망은 털끝 하나 상하지 않았습니다. 두 순례자가 일어나 몸에 묻은 흙을 털어낼 때, 빛나는 존재가 무서운 눈으로 두 사람을 보며 말했습니다.

“어젯밤에는 어디에서 쉬었느냐?”

“기쁨의 산에서 머물렀습니다.”

“그 산의 목동들이 속이는 자를 조심하라고 말하지 않더냐?”

크리스천과 소망은 너무도 부끄러워 고개만 끄덕였습니다.

“이 길이 어디로 향하는지 알고나 있는 것이냐?”

“실수의 벼랑으로 향하고 있습니다.”

크리스천이 대답하자, 빛나는 존재가 고개를 끄덕이며 말했습니다.

“만약 내가 오지 않았다면 속이는 자가 밤늦게 돌아와 너희들을 벼랑으로 끌고 갔을 것이다. 이제 나를 따라 오라. 너희들을 다시 곧은길로 데려다주겠다."

크리스천과 소망은 빛나는 존재를 따라갔습니다. 깊은 밤인지라, 빛나는 존재의 빛이 사방에 퍼져 돌들에 반사되고 어둠을 숲 속으로 몰아내지 않았다면 두 사람은 그 길을 보지 못했을 것입니다. 그들은 두 갈래 길로 금세 돌아왔습니다. 속이는 자는 보이지 않았습니다. 그러나 그곳에 빛나는 존재가 없다면 속이는 자가 다시 나타나리라는 것을 두 순례자는 잘 알고 있었습니다.

빛나는 존재가 크리스천과 소망을 데리고 2킬로미터 정도 가다가 발걸음을 멈추었습니다. 두 순례자가 무엇으로 빛나는 존재의 은혜에 감사할 수 있겠습니까? 소망은 답을 알고 있었습니다. 그래서 찬양을 하기 시작했습니다.

하나님을 찬양하라!
만복의 근원이신 하나님을 찬양하라!

크리스천도 찬양하기 시작했습니다. 두 사람의 목소리가 하나로 어우러졌습니다.

하나님을 찬양하라!

만물 위에 계신 하나님을 찬양하라!

빛나는 존재도 두 순례자의 목소리를 떠받치고 돋보이게 하는 굵은 저음으로 찬양하기 시작했습니다.

천군 천사 위에 계신 하나님을 찬양하라!

아버지와 아들과 성령을 찬양하라!

찬양 소리가 울려 퍼지는 동안 숲들은 조용히 그 소리를 듣고 있었습니다. 빛나는 존재가 두 사람의 이마에 축복의 입맞춤을 전하고 떠났습니다. 두 순례자는 잠을 자려고 누웠습니다.

무신론자 교수

다음 날 아침, 두 순례자는 어떤 노인의 황급한 발소리에 잠에서 깼습니다. 노인은 학자들이 입는 가운을 입고 혼자 중얼거리고 있었습니다.

"안녕하시오, 신사 양반들!"

노인이 두 순례자를 보자 반갑게 인사했습니다.

"어디로 가는 길이오?"

"천성으로 가고 있습니다."

크리스천이 대답했습니다.

"그런데 노인께서는 왜 반대 방향으로 가고 계십니까?"

이 말을 듣자 노인이 큰 소리로 웃었습니다. 그러나 그 소리가 너무 무섭게 들려 두 순례자는 순간 움찔했습니다.

"내가 반대 방향으로 가고 있다고요? 당신이 그걸 어떻게 압니까?"

"왜냐하면 이 길은 천성으로 향하는 길인데, 노인께서 이 길을 거슬러 오고 있기 때문입니다."

크리스천이 대답했습니다.

노인이 다시 웃었습니다. 아까보다 더 무섭게 웃었습니다. 그 노인은 호기심이 많아 눈동자를 쉬지 않고 돌리면서 어떤 것을 오래 쳐다보지도, 두 순례자를 똑바로 쳐다보지도 않았습니다.

"왜 그렇게 웃으십니까?"

무신론자 Atheist

크리스천이 물었습니다.

"당신들이 너무 어리석어 보여 웃지 않을 수가 없소이다. 아무 이유도 없이 그렇게 길고 험한 여행을 하다니 정말 어리석은 짓 아니오? 당신들은 여행의 수고와 고통을 빼면 아무 것도 얻지 못할 것이오."

"그러면 노인장께서는 저희들이 천성에 들어가지 못할 거라고 생각하시는 겁니까?"

"들어간다고요? 어디를 들어가지요? 이봐요, 신사 양반들! 이 세상에는 당신들이 꿈꾸는 그런 곳 따위는 존재하지 않아요."

크리스천은 다소 혼란스러워하는 것 같아 보였습니다. 노인의 말대로 애당초 천성 같은 것은 없기 때문에 기쁨의 산에서 천성 문을 보지 못했던 게 아닌지 의심이 생겼습니다. 그때 소망이 대답했습니다.

"저희는 그런 곳이 있다는 말을 들었고, 또 그런 곳을 찾을 수 있다고 확실히 믿습니다."

"나도 고향에 있을 때 그런 말을 들었소."

그 노인이 말했습니다.

"그래서 당신들처럼 천성을 찾아 여행을 떠났지요. 그러나 40년 동안 이 광야를 방황했어도 여행 첫 날 발견했던 도시, 그 이상의 어떤 것도 발견하지 못했소이다."

"그렇다면 천성이 있다는 것을 더 이상 믿지 않으신다는 말씀입니까?"

노인은 이 말을 듣자 낡은 지도 한 다발을 꺼냈습니다. 그리고 황달에 걸린 것처럼 누렇게 변한 손가락으로 지도를 짚어가면서 자기가 탐험했던 많은 나라들을 보여주었습니다. 그러나 노인이 펼친 지도에 곧은길은 표시되어 있지 않았습니다.

"나도 한때는 믿은 적이 있소이다."

노인이 말했습니다.

"그리고 당신들보다 더 오랫동안, 더 먼 길을 다니며 그곳을 찾아 헤맸소. 하지만 지금은 그렇게 믿었던 나 자신의 어리석음을 깨달아 고향으로 돌아가는 중이오."

"혹시…."

크리스천이 무언가 떠오른 듯 물었습니다.

"제 아버지 시대에 낙원을 찾아 멸망의 도시를 떠났다던 그 무신론자無神論者, Atheist 교수님이 아니신지 모르겠습니다."

“그렇소.”

노인이 말했습니다.

“내가 바로 그 사람이오. 나는 그런 곳은 없다는 결론에 도달했소이다.”

노인은 이렇게 말한 뒤에 지도를 길가에 던져버리고 그들을 지나쳐 급히 길을 내려갔습니다. 노인이 떠난 뒤에 크리스천은 잠시 생각에 잠겼습니다.

“사실일까?”

크리스천이 나지막이 말했습니다.

“천성은 결국 한낱 꿈에 불과한 것일까?”

“결코 그렇지 않습니다.”

소망이 말했습니다.

“당신은 이 길을 걸으며 그 증거들을 줄곧 목격했습니다. 저 또한 천성 문을 분명히 보았습니다. 보세요. 태양이 떠오르고 있어요. 어느 때보다 더 둥글고 크지 않습니까? 용기를 내세요. 이 길을 따라 동쪽으로 계속 나아갑시다. 그러면 천성을 발견할 것입니다.”

마법에 걸린 땅

크리스천은 소망을 따라 걷기 시작했지만 발걸음이 가볍지 않았습니다. 크리스천이 의기소침해지자 소망에게도 전염되어 두 순례자는 얼마 걷지 않아 지치고 말았습니다. 앞으로 나아갈수록 공기가 탁해졌고 길은 더욱 고되고 힘들어졌습니다. 두 순례자는 갑자기 졸음이 몰려와 눈꺼풀이 무겁게 내려앉는 것을 느꼈습니다.

“눈이 자꾸 감겨 견딜 수가 없어요.”

소망이 하품을 하며 말했습니다.

“잠시 누워 휴식을 취한 다음 새로운 마음으로 여행을 계속하는 게 어떻겠습니까?”

크리스천도 그렇게 하는 게 좋겠다고 생각했습니다.

“그런데….”

소망이 생각에 잠겨 말했습니다.

“이곳이 어디인지 궁금합니다.”

그 말을 듣자마자 크리스천은 정신이 번쩍 들었습니다. 그는 풀밭으로 잘못 들어가 의심의 성으로 끌려갔던 일과 두 갈래 길에서 속이는 자에게 기만당했던 일이 기억났습니다. 그와 더

불어 목자들의 경고가 기억났습니다.

"우리가 '마법에 걸린 땅'Enchauted Ground에 들어왔어요!"

크리스천이 소리쳤습니다.

"여기서 잠들면 다시 깨어나지 못할 거예요."

소망은 두 눈을 비볐습니다. 그는 벌써 한쪽 무릎을 꿇고 있었습니다. 크리스천이 소망을 잡아 일으켰습니다.

"힘내요!"

크리스천이 소리쳤습니다.

"임마누엘을 향한 사랑으로 힘을 내세요!"

크리스천은 소망을 질질 끌다시피 하면서 마법에 걸린 땅에서 도망쳤습니다. 그리고 크리스천은 다른 무엇으로부터도 도망쳤습니다. 무신론자가 그의 마음에 심어놓았던 모든 의심을 완전히 떨쳐버린 것입니다. 크리스천과 소망은 새로운 힘을 얻어 천성을 향해 발걸음을 재촉했습니다.

뿔라 나라

마법에 걸린 땅을 지나자 '뿔라'Beulah. 이스라엘의 회복된 미래를 상징함. 사 62:4라는 나라가 나왔습니다. 그 땅의 공기는 쾌적하고 달콤했으며, 기쁨의 산의 공기보다도 훨씬 더 포근했습니다. 그 땅에서 나는 석류나 살구나 참외는 지금까지 세상 어느 곳에서 보았던 것들과 너무도 달랐습니다. 풀들은 푸르고 무성했습니다. 나무는 꽃들로 만개했고, 시냇물은 기쁨의 산의 시내처럼 깨끗하고 맑았을 뿐 아니라 더 깊고도 유쾌하게 흘렀습니다. 크리스천과 소망은 정교한 꽃잎을 가진 새로운 꽃들을 수시로 발견했고, 절묘한 화음을 이루는 새들의 찬양 소리를 들었습니다.

그들이 태양 가까이에 다다르자, 해가 더 이상 뜨지도 지지도 않았습니다. 사망의 음침한 계곡과 의심의 성이 그저 아련한 기억으로 느껴졌습니다. 그들은 천성에 가까이 와 있다는 것을 알았습니다. 왜냐하면 숲을 거닐거나 제비의 날개를 고쳐주거나 묘목을 심거나 포도밭을 돌보는 빛나는 존재들의 모습이 보이기 시작했기 때문입니다.

그들은 뿔라 나라에서 일주일을 보낸 뒤에 기나 긴 계곡에 이르렀습니다. 많은 사람들이 기쁘게 손을 흔들며 격려해주었습니다. 그들은 이제 무신론자 교수를 완전히 잊었습니다. 크리스천과 소망은 기나 긴 계곡을 한걸음에 달려갔습니다. 천성이 아주 가까이 있다는 것을 알았기 때문입니다.

크리스천과 소망이 계곡 끝에 이르렀을 때, 그토록 바라던 천성이 눈앞에 펼쳐졌습니다. 그들은 천성이 태양 속에서 솟아올라 그들 위로 올라가는 것을 보았습니다. 그리고 여행을 하는 동안에 줄곧 그들을 비춰주었던 빛이 바로 이 도시에서 나온 것임을 깨달았습니다. 도시의 벽은 진주와 값진 보석으로 지어졌고, 점점 더 높이 솟아올라 마침내 크리스천의 눈높이 위로 올라온 거리는 금으로 뒤덮여 있었습니다. 금빛 거리는 온통 도시 중앙에서 나오는 빛을 반사했습니다. 그 빛이 너무 밝아 순례자들의 강해진 눈으로도 똑바로 쳐다볼 수가 없었습니다. 만약 그 순간에 그들이 서로의 모습을 보았다면(그들은 천성의 모습에 정신을 잃어 그럴만한 여유도 없었지만) 자신들의 몸도 그 반사된 빛으로 완전히 덮여 있다는 것을 깨달았을 것입니다.

그들은 급히 계곡에서 나와 과수원과 정원과 포도밭을 지나갔습니다. 밭의 문들이 하나같이 길 쪽으로 나 있었고 또 활짝 열려 있었습니다.

"이 좋은 밭들이 누구의 것입니까?"

크리스천과 소망이 정원지기에게 물었습니다.

"이 땅의 주인께서 자신의 즐거움과 순례자들의 즐거움을 위해 심으신 것입니다."

정원지기가 대답했습니다. 두 순례자가 과실을 먹어도 되느냐고 물었더니 정원지기가 흔쾌히 허락했습니다. 그런데 그 맛이 얼마나 달콤하고 신선했던지, 포도 한 알만 먹어도 원기가 완전히 회복되는 것 같았습니다.

사망의 강

그들은 찬양하고 기뻐 뛰면서 그 길의 끝에 다다랐습니다. 그런데 거기서, 전혀 예상하지 못한 문제에 부딪히고 말았습니다.

천성 문으로 향하는 길이 보이지 않았던 것입니다. 길이 갑자기 끊기더니 유속이 엄청나게 빠른 깊은 강이 불쑥 나왔습니다. 크리스천과 소망은 강의 바닥을 볼 수 없었습니다. 두 순례자는 이쪽 강둑과 저쪽 강둑을 두루 살펴보았지만 다리 같은 게 보이지 않았습니다.

그 순간, 강 건너편에서 빛나는 존재 둘이 모습을 드러냈습니다. 한 존재는 열린 무덤 앞에 놓인, 봉인이 부서진 자국이 선명한 크고 둥근 돌 위에 앉아 있었습니다.

"건널 수 있는 방법이 없습니까?"

크리스천이 그들에게 소리쳤습니다.

"다리는 없노라!"

빛나는 존재들이 대답했습니다.

"다른 길은 없습니까?"

"없다. 강을 건너야 한다. 그렇지 않으면 그 문에 도달할 수 없다."

크리스천과 소망은 강둑에 거품을 일으키며 소용돌이치는 강물에 발을 담갔습니다.

"강물이 깊습니까?"

크리스천이 빛나는 존재들에게 소리쳤습니다.

"이곳의 주인을 얼마나 굳게 믿느냐에 따라 강물이 깊은지 얕은지 깨닫게 될 것이다."

빛나는 존재들은 알 수 없는 말을 남기고 홀연히 사라졌습니다. 크리스천이 결의에 가득한 표정을 지었습니다. 처음에 그는 천성 문에 시선을 고정하고 발걸음을 옮겼습니다. 그러자 강바닥이 그의 발걸음을 단단히 받쳐주는 것 같았습니다. 발은 거의 젖지 않았습니다. 그러나 그때, 그는 강물을 바라보았습니다. 그러자 그가 임마누엘께 불충했다고 고발하던 아볼루온의 비난이 기억났습니다. 동시에 길에서 벗어났던 때들이 떠올랐습니다. 순간, 강물이 물거품을 일으키며 차오르는 것 같았고 강바닥 또한 미끄럽게 느껴졌습니다. 크리스천은 필사적으로 천성 문을 바라보았습니다. 그러나 강에서 희뿌연 안개가 피어올라 그의 시야를 가렸습니다.

“이것은 ‘사망의 강’River of Death이에요.”

크리스천이 소망에게 소리쳤습니다. 그리고 강 한 가운데서 넘어져 어둠과 공포 속으로 가라앉았습니다. 소망이 크리스천을 일으키려고 안간힘을 썼습니다.

“아무래도 나는 천성의 땅을 밟아보지 못할 것 같습니다.”

크리스천이 물을 뱉으며 푸념하듯이 말했습니다.

“절망하지 마세요!”

소망이 소리쳤습니다.

“저기 천성 문이 보이잖아요. 빛나는 존재들이 강가에 나와 우리들을 기다리고 있어요.”

소망은 크리스천의 몸을 잡아 일으켰습니다.

“그들이 기다리는 사람은 당신과 내가 아니라 크리스천, 바로 당신입니다.”

크리스천이 고집을 부렸습니다.

"당신은 내가 처음 만났을 때부터 희망을 잃지 않았지만 저는…."

"아닙니다. 당신도 마찬가지였습니다. 힘을 내세요! '네가 물 가운데로 지날 때에 내가 함께 할 것이다!'사 43:2 는 말씀을 기억하세요."

"주께서 나와 함께 하십니다!"

크리스천은 되풀이했습니다.

"주께서 나와 함께 하십니다!"

크리스천이 이렇게 말하며 그 땅의 주인의 약속을 기억하자 강물이 잠잠해지고, 강바닥은 다시 단단해졌고, 안개가 걷혔습니다. 크리스천은 천성의 문을 다시 보았습니다. 크리스천과 소망은 마침내 강을 건너 건너편 강둑에 도착했습니다.

강에서 나오자, 두 순례자는 그들의 몸이 변한 것을 느꼈습니다. 그들의 몸은 더 가벼워졌고, 새로워졌고, 강해졌습니다. 두 순례자의 인간적인 모든 것들이 강물에 씻겨 내려갔습니다. 크리스천의 갑옷은 다시 건너편으로 떠내려갔습니다. 그러자 어떤 손들이 그 갑옷을 아름다운 궁전의 무기창고에 갖다 놓기 위해

겸손하게 집어 들었습니다. 그곳에서는 네 명의 아가씨들이 이 세상만큼이나 오래되고 또 새로운 이야기를 기록한 새로운 기치를 무기창고 위의 서까래에 내걸고 있었습니다.

그러나 크리스천은 그런 것들에 대해 생각할 겨를이 없었습니다. 강둑에 다시 나타난 빛나는 존재들과 함께 천성으로 향하는 가파른 경사를 뛰어 올라가고 있었기 때문입니다. 그 도시의 기초가 구름 위에 있었지만, 소망과 크리스천은 피곤함을 느끼지 않고 쉽게 달려갔습니다.

그들이 천성 문에 이르렀을 때, 빛나는 존재들이 말했습니다.

"여기에서 임마누엘을 있는 그대로 보게 될 것이다."

그리고 잠시 후, 빛나는 문처럼 생겼지만 그것보다 더 높고 높은 천성 문이 열렸습니다. 하늘의 천군 천사들이 두 순례자를 맞으러 나와 찬양을 했습니다. 그리고 그들 가운데 한 사람이 종려나무 가지를 흔들며, 다른 모든 사람들보다 더 큰 소리로 찬양을 하며 두 순례자에게 다가왔습니다. 그는 바로 허영의 시장에서 순교한 믿음이었습니다.

천군 천사들이 그들 주변에 모여들었고, 나팔들의 기쁜 곡조가 하늘을 울렸습니다. 그 도시의 종소리가 울려퍼지기 시작했습니다. 그리고 소망과 크리스천이 두루마리를 내놓았을 때, 너무도 크고 기쁜 함성이 일어나 해설자의 집에 갇혀 있는 절망의 잠을 깨웠습니다. 절망도 고개를 들고 철창문을 향해 힘껏 나아갔습니다.

이렇게 크리스천과 소망은 천성에 들어갔습니다. 그 문으로 들어가는 순간, 눈 깜짝할 사이에 그들의 모습이 변했습니다. 그들은 머리에 면류관을 쓰고, 밝은 옷을 입고 새로운 찬양을 했습니다.

크리스천은 황금빛 거리를 걸어보았습니다. 그리고 천성 문이 닫히기 전에 문 앞으로 나아가 지나온 길을 돌아보았습니다. 그 동안에 지나온 모든 여정이 뚜렷하게 보였습니다. 기쁨의 산, 사망의 음침한 계곡, 아름다운 궁전, 그리고 빛나는 문이 보였습니다. 멸망의 도시가 선명하게 보였고, 그의 집도 찾을 수 있었습니다. 그의 집에서는 그의 아내 크리스티아나가 네 자녀

를 데리고 나와 빛나는 문을 향해 떠날 준비를 하고 있었습니다. 그리고 곧 천성 문이 닫혔습니다.

크리스천은 말할 수 없이 기뻐 절로 웃음이 나왔습니다. 그가 강으로 내려가 사랑하는 가족들을 맞이할 때가 반드시 올 것입니다. 그러나 지금은 더 큰 기쁨을 맛보기 위해 기쁨으로 그들을 기다릴 것입니다.

그가 도시로 들어가니 누군가가 그의 손에 종려나무 가지를 들려주었습니다. 그는 찬양을 하며 그 땅의 주인되신 임마누엘을 만나러 갔습니다.

나는 천성 문이 닫히기 전에 그곳의 거리를 힐끗 보았습니다. 그리고 깜짝 놀라 벌떡 일어났습니다.

그 모든 게 꿈이었습니다.

새벽이 되었는지 하늘이 연분홍빛으로 물들었습니다. 간밤의 이슬이 공기를 깨끗이 정화했고, 이슬방울들이 풀잎에 구슬처럼 동그랗게 맺혔습니다. 그리고 이내 해가 떠올라 영롱한 이슬방울들이 온갖 화려한 색을 띠었습니다.

계곡 아래 고요히 잠들어 있는 마을이 보였습니다. 금세 자질구레한 일들과 일상으로 북적이겠지만 아직은 너무도 고요하고 조용했습니다.

나의 집도 보였습니다. 창문에는 이미 불이 켜져 있고, 잭이 제비들을 보고 사납게 짖어대고 있었습니다.

나는 어깨에 짐을 지고 집으로 내려갈 준비를 했습니다.

독자 여러분께 드리는 말씀

독자 여러분! 내 꿈 이야기를 여러분께 다 들려주었습니다.

그 이야기를 나한테 다시 설명해줄 수 있을 만큼 잘 이해했는지 생각해보기 바랍니다.

내 커튼을 옆으로 치우고, 내 베일 속을 들여다보고, 내 문장을 뒤집어 보아 부디 실족하지 마십시오.

잘 찾아보면 이 이야기 속에는 정직한 마음에 유익한 것들이 있을 것입니다.

이 이야기 속에서 티를 찾거든 과감하게 버리되, 황금을 찾거든 부디 간직하십시오.

그러나 나의 황금이 두꺼운 광석으로 둘러 싸여 있다면 어찌하시겠습니까?

사과 씨를 얻으려면 두툼한 살을 다 먹어야 하지 않겠습니까?

그러나 여러분이 내 이야기에서 얻을 것이 없다고 생각하여 모든 것을 다 버린다면, 아마 나는 다시 꿈을 꿀 것입니다.

-존 번연

ΕΓΩ·ΕΙΜΙ·Η·ΑΝΑΣΤΑΣΙΣ·ΚΑΙ·Η·ΖΩΗ·

리마커블 천로역정

초판　1쇄 발행　2007년 6월 15일
초판 53쇄 발행　2024년 8월　2일

지은이　　　존 번연
영문편집　　개리 슈미트
일러스트　　배리 모우저
옮긴이　　　배응준

펴낸이　　　여진구
편집　　　　이영주 박소영 최현수 안수경 김도연 김아진 정아혜
책임디자인　마영애 노지현 조은혜 이하은
홍보 · 외서　진효지
마케팅　　　김상순 강성민　　　　　마케팅지원　　최영배 정나영
제작　　　　조영석 허병용　　　　　경영지원　　　김혜경 김경희

303비전성경암송학교 유니게 과정
이슬비전도학교 / 303비전성경암송학교 / 303비전꿈나무장학회

펴낸곳　　　규장

주소　06770 서울시 서초구 매헌로 16길 20(양재2동) 규장선교센터
전화　02)578-0003　　팩스　02)578-7332
이메일　kyujang0691@gmail.com　　홈페이지　www.kyujang.com
페이스북　facebook.com/kyujangbook　　인스타그램　instagram.com/kyujang_com
카카오스토리　story.kakao.com/kyujangbook
등록일　1978.8.14. 제1-22

ⓒ 한국어 판권은 규장에 있습니다.
이 출판물은 저작권법에 의해 보호를 받는 저작물이므로 무단 전재와 무단 복제를 할 수 없습니다.

책값　뒤표지에 있습니다.
ISBN　978-89-6097-020-5　03230

규 | 장 | 수 | 칙

1. 기도로 기획하고 기도로 제작한다.
2. 오직 그리스도의 성품을 사모하는 독자가 원하고 필요로 하는 책만을 출판한다.
3. 한 활자 한 문장에 온 정성을 쏟는다.
4. 성실과 정확을 생명으로 삼고 일한다.
5. 긍정적이며 적극적인 신앙과 신행일치에의 안내자의 사명을 다한다.
6. 충고와 조언을 항상 감사로 경청한다.
7. 지상목표는 문서선교에 있다.